奥妙科普系列丛书

DISCOVERY

让青少年着迷
的科普书
彩图珍藏版

科学探秘大百科

薛莹◎编著

吉林出版集团股份有限公司 · 全国百佳图书出版单位

图书在版编目 (CIP) 数据

科学探秘大百科 / 薛莹编著 . -- 长春：吉林出版
集团股份有限公司，2013.12（2021.12 重印）
（奥妙科普系列丛书）
ISBN 978-7-5534-3921-1

Ⅰ.①科… Ⅱ.①薛… Ⅲ.①科学知识—青年读物
②科学知识—少年读物 Ⅳ.① Z228.2
中国版本图书馆 CIP 数据核字 (2013) 第 317280 号

KEXUE TANMI DA BAIKE

科学探秘大百科

编　　著：薛　莹
责任编辑：孙　婷
封面设计：晴晨工作室
版式设计：晴晨工作室
出　　版：吉林出版集团股份有限公司
发　　行：吉林出版集团青少年书刊发行有限公司
地　　址：长春市福祉大路 5788 号
邮政编码：130021
电　　话：0431-81629800
印　　刷：永清县晔盛亚胶印有限公司
版　　次：2014 年 3 月第 1 版
印　　次：2021 年 12 月第 5 次印刷
开　　本：710mm × 1000mm　1/16
印　　张：12
字　　数：176 千字
书　　号：ISBN 978-7-5534-3921-1
定　　价：45.00 元

前言

前景广阔的基因技术：还在担心一些可怕的不治之症吗？有了 基因技术，我们就不必再担心，在未来，基因技术会成为科学领域的一大亮点，同样也会是我们的生命保障。

应用广泛的复合材料：在如今的航天航空、国防等国家重要领域内，复合材料已经是不可替代的重要材料，它优良的性能使它在众多材料中脱颖而出，在我们的生产生活中不可或缺。

代人工作的机器人：有没有想过，以后我们的身边会出现多种机器人，有负责清洁的、有负责叫我们起床的、有负责当导游的等。它既可以帮助我们学习，又可以陪伴我们玩耍，但是太过智能的它会不会有一天代替了我们人类呢？这就需要我们去全新地认识它们。

跟动物学仿生技术：俗话说，三人行，必有我师焉。那三只动物跑，也会有人类的"老师"。人类并不是全能的，动物身上的有些特性是我们人类远远达不到的，这就需要我们虚心地"学习"，来为我所用。

科技前沿的光电世界：还在感叹那些神奇的自然现象吗？这些多半与光电有关——光，没有它世界一片黑暗；电，没有它我们无法正常生活。让我们一起走进神奇的光电世界。

目录

第二章 应用广泛的复合材料

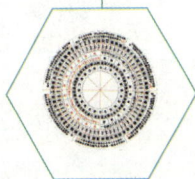

目录

CONTENTS

目录

第一章
前景广阔的基因技术

俗话说，世界上没有两片完全相同的叶子，当然，更不会存在两个相同的人。人与人之间有长得十分相似的，却没有一模一样的人，就算双胞胎也不会一模一样，这到底是什么决定的呢？那就是基因，也就是我们说的DNA。它决定着你的身高、小酒窝、是不是大眼睛等因素。人们可以通过集成优良基因的方式造出完美的东西，如"太空椒"和"克隆羊"，这些都是改变基因的成功典型。

Part1 第一章

基因是什么

基因的发现将人类生物科学带进了一个新的阶段，科学家为我们解开了许多不为人知的秘密，我们身体的一切，竟然都是由小小的基因决定的。

我们都知道 DNA，基因就是有遗传效应的 DNA 片段。最先提出这个概念的是美国科学家沃森与英国科学家克里克，他们共同提出了 DNA 分子双螺旋结构模型。基因是遗传的基础，在地球上，只要是生物，它就一定含有基因，而且通常来讲，生物级别越高，其所含的基因数目也就越多。世界上最简单的生物也就是病毒了，它仅仅拥有几个基因；最高级的生物莫过于人类，那人类到底有多少基因呢？据科学统计，我们人类拥有着 2 万至 2.5 万个基因，相差是不是有点悬殊呢？人类细胞核里的 DNA 分子包含了全部的遗传信息，我们的先天条件全部由它们决定，科学家把它们的数目用"比特"来表示。

这些基因贮藏了我们人类生长、发育、健康和长寿的所有信息，人的许多遗传病就是

❖ 基因链

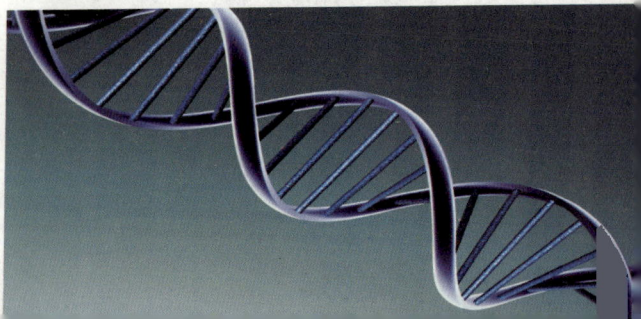

相关的基因在结构上产生了变化或者在表达上出现了问题，如高血压、糖尿病、老年痴呆，甚至癌症都是由此造成的。就连人类拥有的学习、言语、记忆、创造这些行为也都是由它所赐，这下可知道它的厉害了吧！

❖ 基因因子

生物遗传的基本单位就是基因，它是 DNA 分子上具有遗传信息的特定核苷酸序列的总称，我们通常所说的 DNA，就是基因的化学本质。遗传信息传递给下一代的方式就是通过基因复制，这才会让后一代与亲代呈现出相似的性状，也就是我们常说的这孩子长得真像他爸爸，或者真像他妈妈。

基因由四种不同的核苷酸组成，它们分别是腺嘌呤 (A)、胸腺嘧啶 (T)、鸟嘌呤 (G) 和胞嘧啶 (C)。它们可以随意组合，不受限制，就犹如 26 个英文字母可以组成很多英语单词，点横竖撇捺可以构成很多汉字一样，正是如此，它们组成了人体 30 亿个核苷酸，互相连接成长链。但核苷酸正确的排列次序是十分重要的，这个就不是随意组成的了，一旦出错，那就是"大祸临头"了！科学家们研究发现，在膀胱癌的细胞里，相关的基因中只要存在一个核苷酸与正常的不同，那这个基因就会病

知识小链接

生活中最让人头疼的病就是癌症，因为癌症被人们称为"绝症"，为什么一个好好的人会得癌症呢？是因为 DNA 分子在链腱排列上发生改变时，就会马上向 RNA 发出"遗传信息"的变异电报，这样细胞就会发生癌变，存活下的癌细胞还会疯狂生长与复制，把正常的细胞全部挤走，自己占领整个领域，这样就会破坏器官的功能，最终造成生命结束。

变为癌基因，后果是十分严重的。

基因的涉及范围十分广泛，也越来越得到科学家们的重视。1980年诺贝尔化学奖的得主是英国科学家桑格与美国科学家吉尔伯特，获奖原因就是他们发明了快速测定DNA里核苷酸次序的方法，这也为揭开人类生命之谜找到了一把钥匙。

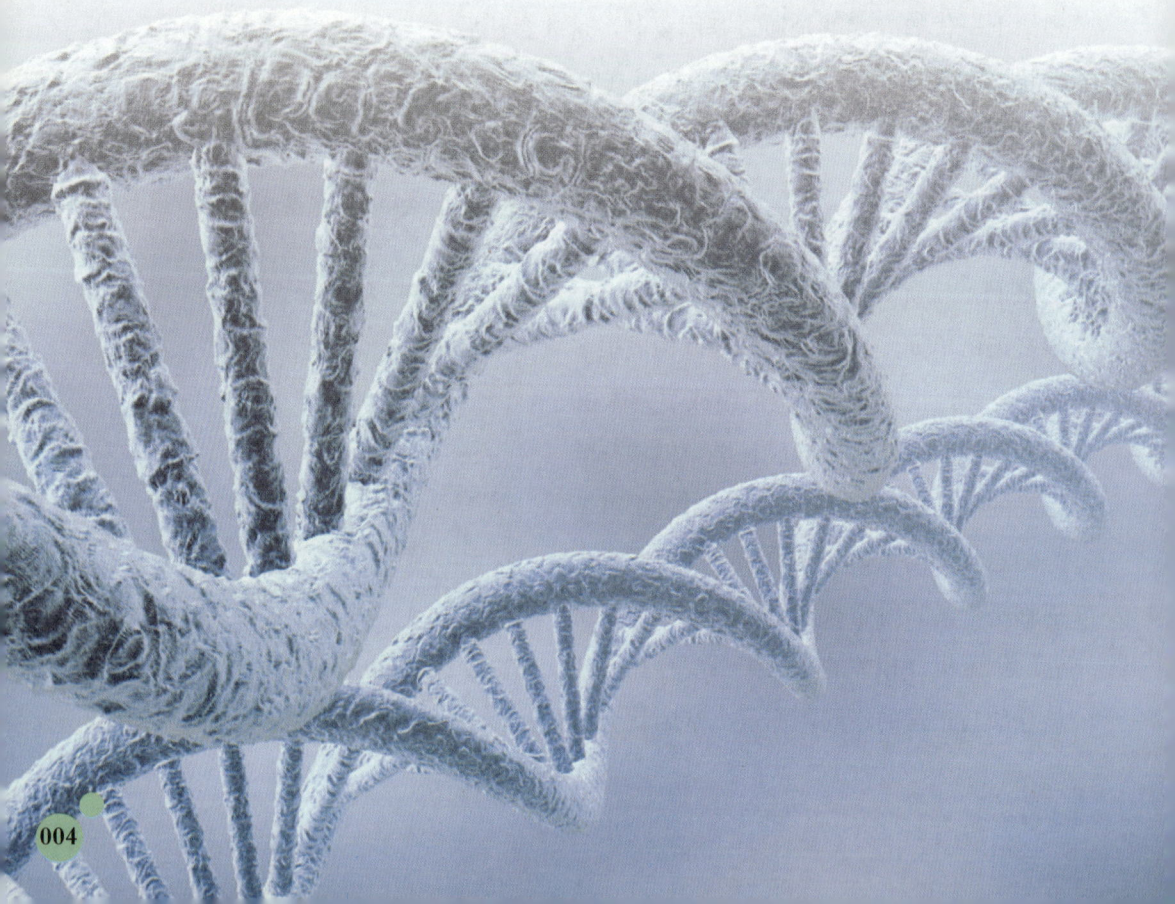

❖ 基因分子

解开DNA之谜

DNA 到底是怎样的，它的构成又是什么？小小的它为什么会决定我们所有的信息，还会让我们各不相同？

1869 年，瑞士医生费雷德里希·米歇尔在残留在绷带上的脓液中发现只能在显微镜下才可以观察到的物质，它们单独存在于细胞核中，于是米歇尔将这些奇怪物质命名为"核素"，他同样是最早将 DNA 分离出来的人。

人们对 DNA 的研究在很早之前就已经开始了。早在 1958 年，马修·梅瑟生与富兰克林·史达就已经首次确认了 DNA 的复制机制；之后，克里克的团队又指出遗传密码是由三个碱基以不同的方式组合而成的，将这三个碱基命名为"密码子"。

人类基因组织在 1990 年就制订了计划，要对人类 DNA 序列有个系统的认识，直至 2001 年《自然》《科学》杂志逐步刊登了许多有国家或者私人基因组的有关基因的论文和序列草图。人类迫不及待地想要揭开它神秘的面纱。

其实 DNA 是由四种核苷酸组成的，它们就像亲兄弟一般，同为核苷酸，却各有各的不同，于是科学家们为了区分它们，就用四个英文字母来表示它们，A

代表的是腺嘌呤，G 代表的是鸟嘌呤，C 代表的是胞嘧啶，T 代表的是胸腺嘧啶。这就是 DNA 的基本构成了。

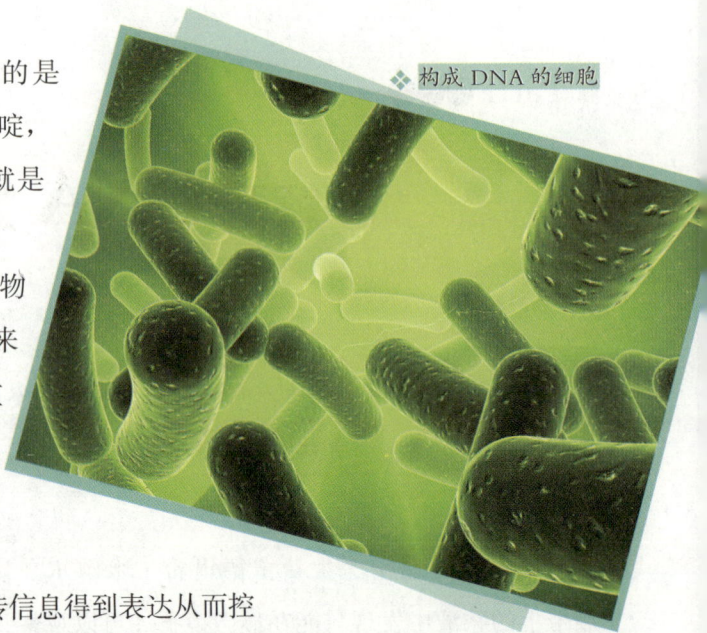
❖ 构成 DNA 的细胞

DNA 被确认为遗传物质后，科学家们的难题又来了，为什么它会担当此重任呢？这就要求它具备四点要求，那就是要携带遗传信息，可以自我复制和传递遗传信息，可以让遗传信息得到表达从而控制细胞活动，可以突变并且保留突变。要想解决这一切就需要构建一个 DNA 分子模型来解释。

每个人都拥有 400 万亿个细胞，这可算得上是一个天文数字了，人体细胞拥有一个由 46 条染色体构成的细胞核，染色体又是由 DNA 染色体丝构成的，并且在所有的细胞中都是相同的。正如电视上经常演的一样，DNA 能断定两代人之间的亲缘关系，这是由于一个孩子分别从父亲和母亲身上接受一半的基因物质，这也是为什么一个孩子可能眼睛像爸爸，鼻子像妈妈，这种性状是通过密码传递的。目前已经知道的遗传密码就已经达到 30 亿个，排列成 2.5 万个基因，正因为如此之多，才会导致人与人之间的差异。

其实检验 DNA 的准确性并不是百分之百，主要是在提取与化验标本时，可能会导致标本受到污染，这样准确性就会大大下降，所以要想保证 DNA 的可靠性就一定要在这两个过程中严格把关。随着科技的进步，如今有了新器械的诞生，就会避免一些错误，还会加快速度，在保证质量的同时，提升了速度。

知识小链接

DNA 亲子鉴定又叫作亲权鉴定，如今已广泛应用于人们的生活，主要是用来判断父母与子女之间是不是亲生关系，需要的介质可以是血液、毛发、唾液甚至骨头，十分方便。

Part1 第一章

自私的基因

> 基因是生物的遗传物质，如果说人类是自私的，那是不是可以理解为基因是自私的呢？那它的自私又体现在哪儿呢？

自私的基因最早是由牛津大学进化学家理查德·道金斯在他的一本书中提出的，他认为基因之所以能够延续生命靠的就是竞争性，犹如自然界的动物一般。这样的说法是有科学性的，因为在生物进化的过程中，基因确实存在绝对的排他性和自私性，用动物的行为来解释是最为贴切的。

基因的职责就是复制，每个生物都是它们进行工作的载体，每个生物的生命都不是无限的，即使长寿的乌龟也会有生命终结的一天，但是由于基因是一代代作为遗传信息传下去的，所以说载体的死亡并不意味着基因的终结，因为所有的生物都会进行繁衍。动物本身就是制造更多 DNA 的工具，打一个简单的比方：鸡只是一种生产更多鸡蛋的工具。

❖ 自私的 DNA

基因的属性就是自私的，因为它不会把生存的机会让给别的基因。就像"物竞天择，适者生

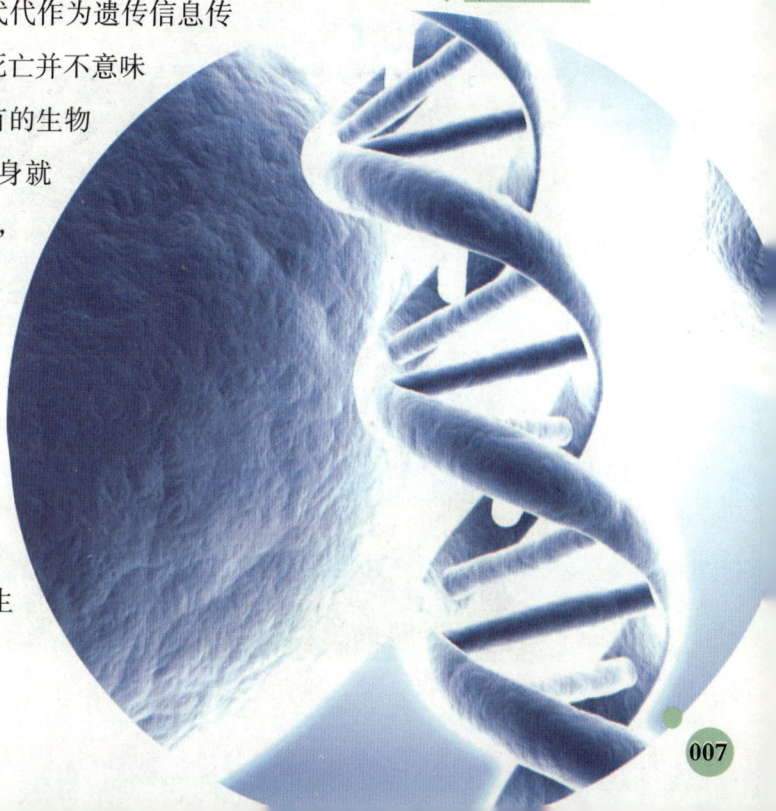

存"一样，自然界能够存活下来的全是自私的动物，因此可以看出基因就是自私行为的基本单位。正因为如此，动物在自然界的各个层次才会发生自私行为，基因的自私直接造成了个体的自私行为，但事物都是两面的，基因也会有利他主义行为，就像再坏的人也会有心软的一刻。

利他主义又称为利他行为，指的是以牺牲自身生存和生殖为代价，增加其他个体生存机会和生殖成功率的行为。这存在着多种表现层次、基因型层次，还有彻底的利他。达尔文在《进化论》中，把动物界的利己与排他看成是自然选择的结果。而道金斯认为，基因是遗传物质的基本单位，所以动物的利他行为就可以用基因具有利他行为来解释。虽然基因不存在思想，但是它毕竟是人类的遗传物质。

知识小链接

人类可以说是由基因决定的，所以是不是就不可能摆脱基因的控制呢？其实并不是这样，人类是最高级的物种，运用高科技手段，可以人为地摆脱基因控制。例如，英国科学家经过研究，研发出一种新基因技术，可以摆脱遗传病的困扰，通过对细胞植入新的 DNA，摆脱有家族病史的 DNA，就可以"定制"出健康的宝宝。

❖ 研究 DNA 的样图

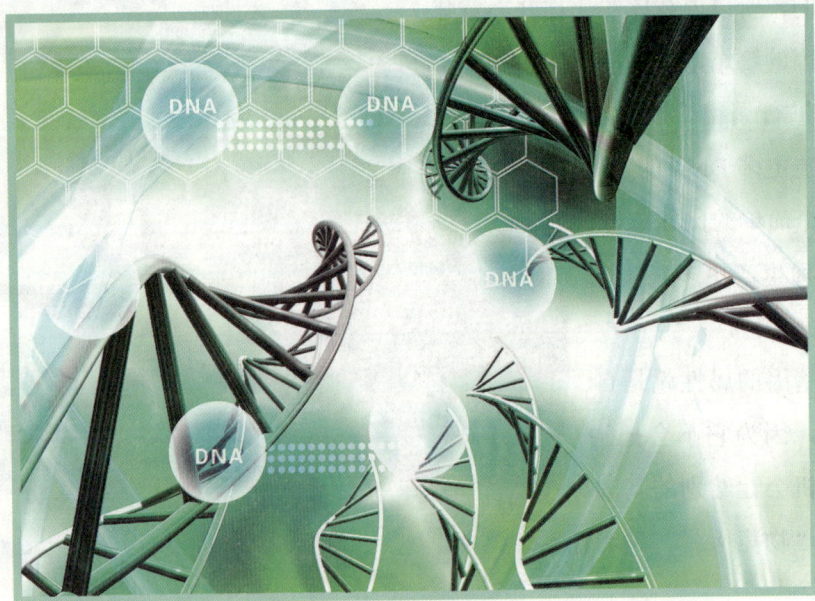

Part1 第一章

改造生命的伟大工程

生物的各种特征是由基因来决定的，是否可以改变基因来改变生物的特征？是否可以改变基因创造新的生物？

如今，基因已成为一个非常热门的话题，越来越受到人们的重视，尤其是这一领域的科学家，一直在改变基因的道路上在探索着。

基因工程

人类的受精卵细胞核中包含了来自父母双方的染色体，那什么又叫染色体呢？染色体的主要成分叫作脱氧核糖核酸，这个名字很陌生吧？其实它的简称就是 DNA 它的结构就像麻花一样，全都拧在一起，学名叫双股螺旋长链形分子。当受精卵发育成一个新生个体时，DNA 就会复制到个体的体细胞中，我们身体的各种特征就这样遗传了下来。

有的人会问，基因和 DNA 到底有什么关系，是不是同一物质？其实很简单，基因是 DNA 上具有遗传效应的片段，DNA 中那些不具备遗传效应的不能被称为基因，通过对以上的深入研究，科学家们就能通过人工把两种 DNA "结合"一下。制造的新生物会不会具备两种 DNA 的优点呢？这种大胆的想法就让科学家们研究起来，也就是后来人们

❖ **基因工程**

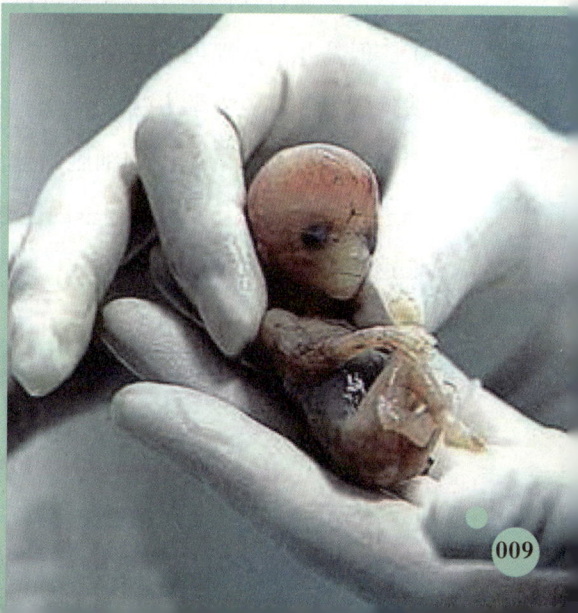

所说的"基因工程"，因为这就相当于把基因重新进行"施工""组装"，犹如一个巨大的工程一样，所以被称为"基因工程"，还有的叫"遗传工程"。

基因工程是以分子遗传学为理论基础的，以分子生物学与微生物学的现代方法为技术手段，将不同的基因按照人类的计划构建成新的 DNA 分子，然后导入活细胞，这样就可以得到一个新的物种，具备多种特性。动画片里那种集各种优点于一身的"超人"就不会再是想象了。

基因工程涉及领域

如今这个工程已涉及很多领域，例如在农业方面，给农作物"做手术"已经不是什么新鲜事情了，那这个过程到底有多复杂？简单地说，它主要包括四个大的步骤：第一是获得目的基因；第二是目的基因与载体的体外重组；第三是把重组后的 DNA 分子导入受体细胞；第四是转化细胞的筛选与外源基因的表达。通过这四个步骤，就可以创造出我们自己想要的东西了。但是并不是都可以成功，还要通过遗传学方法、免疫学方法或者分子杂交方法把接受目的基因的细胞筛选出来进行培养，直至证实目的基因能够稳定地遗传并能在细胞株上表达，这样才可以算基因工程竣工。

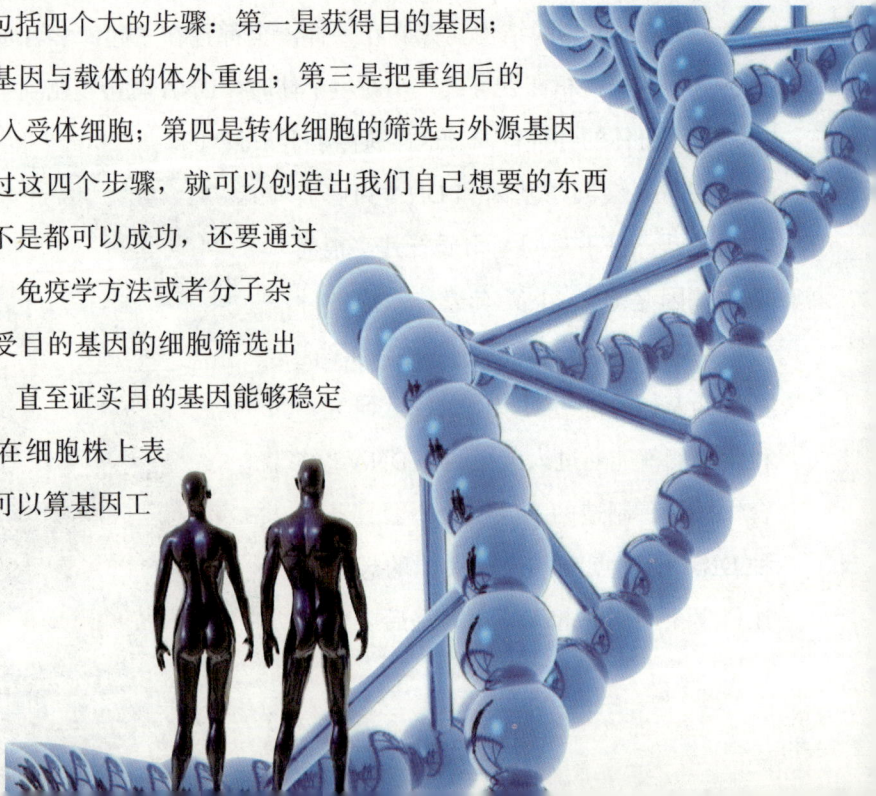

◆ 基因工程

Part1 第一章

人类基因组计划

一个世界多国共同参与的计划，一个斥资巨大的计划，是什么计划汇集了世界各国一流的科学家共同参与呢？

人类基因组计划最早于 1985 年由美国科学家提出，由世界多个国家投资近 30 亿美元于 1990 年正式启动，并在 2000 年成功描绘出人类基因组"工作框架图"，测定出了人体全部 DNA 序列，并于 2001 年将基因图谱公布于众。

国际基因组织

基因组是什么？说白了就是一个物种中全部基因的整体组成。人类基因组包含着两层意义，那就是遗传信息和遗传物质。只有从整体水平研究基因的存在、结构、功能以及相互关系，才可以真正地揭开生命的奥秘，获取人体信息的奥秘。

该计划可谓国际合作跨学科的大规模科学研究工程，目的在于测定人类染色体中核苷酸序列，以此绘制出人类基因组图谱，最终揭示人体奥秘，达到破译人类遗传信息的目的。

那么人类为什么要花费这么大的人

❖ 正在研究基因

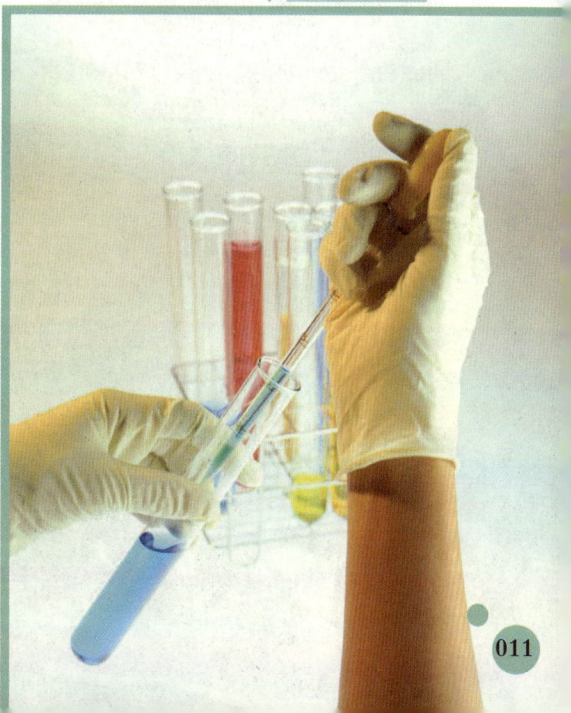

力、财力、物力去进行这个计划呢？意义当然非常重大了！这个计划的研究有助于人类认识自身，掌握生老病死规律，了解生命的起源，对生物学、医学都有着极大的推进作用。人类基因组已经发现人类的全部遗传信息，是继阿波罗与曼哈顿登月计划后人类科学史上的又一伟大的工程。到 2005 年时，基因组计划的测序工作已经完成了 92%，取得了很大的成就。

知识小链接

中国在 1999 年正式加入人类基因组计划，负责测定人类基因全部序列的 1%，于 2000 年完成，至此国际人类基因计划协作组正式完成了人类基因组的"工作框架图"。中国争取到的 1% 对中国来说是一个机遇，更是一个挑战，在此过程中，我国不仅增加了设备，而且研发了技术，这 1% 的完成，使中国牢牢把握了新世纪生物产业发展的机遇。

各国的基因研究

其实对于这项伟大工程，早在 20 世纪 70 年代，许多国家就已经开始独立进行研究，并且随后取得了一些小成就。1985 年，美国能源部在加州制订了"人类基因组计划"草案，并且经美国国会批准，于 1990 年正式启动，在

❖ 中国在 2007 年召开了国际基因组学大会

5 年内投入 30 亿美元保障计划的顺利开展。

　　中国当然也不甘示弱。中国作为世界上人口最多的国家，同时民族也是最多的，这就决定了中国地区存在着丰富的病种资源，一些多个体、多世代的大家系具有典型的遗传性状，直接为中国的基因研究提供了宝贵的材料。但是因为中国的相关研究工作起步晚，资金投入不足，所以与国外一些国家还存在比较大的差距。这就要求我们必须坚守住自己的基因阵地，不可在这场基因争夺中处于被动地位。而且基因研究得不到深入，我们国家的其他基因相关产业就不会得到发展。

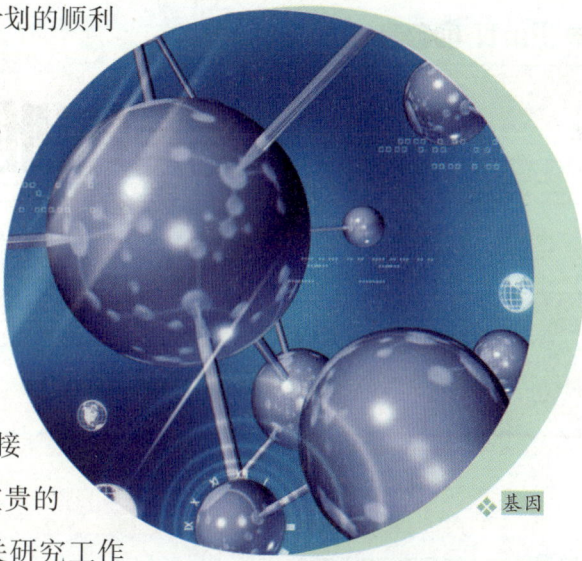

❖ 基因

　　我国在 1994 年正式启动基因组计划，如今已取得一些瞩目的成就，为我国基因保存了宝贵的资源，并且获得国家政府的大力支持，成为"九五"计划中国家最大的资助项目之一，也为中国在国际竞争中占据有利地位打下了基础。

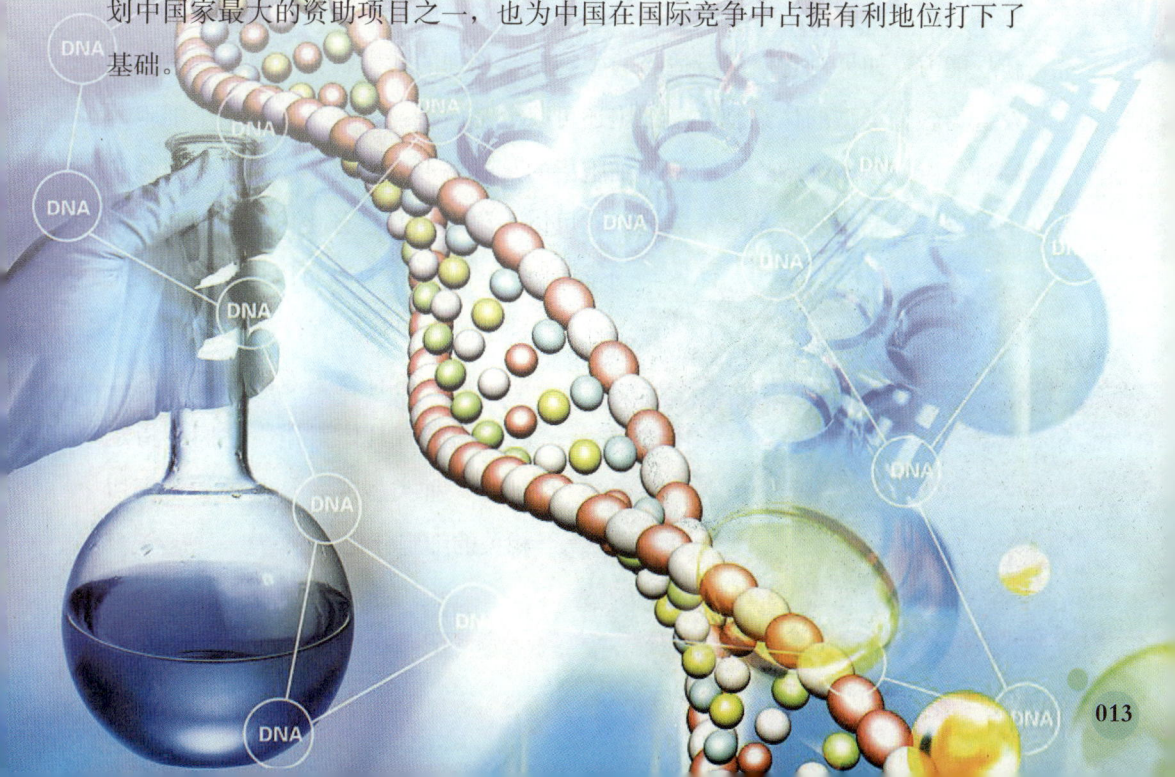

万用细胞

在人体众多的细胞中，干细胞被医学界称为各种组织器官的祖宗细胞，正如其名，它就是"干什么都行的细胞"。

什么是干细胞

干细胞是细胞的一个种类，它是有别于其他细胞的，其最大的特点就是具备"自我更新"能力。我们都知道普通的细胞经过分裂之后开始生长，之后继续分裂一到两次，不断重复着这个过程，直到最终的退化死亡，这是普通细胞的宿命。然而干细胞就不同，只要条件允许，它就会不断分裂生长，最重要的就是，它们不会死亡，是"长生不老"的，这就是所谓的"自我更新"能力。如果对它们进行适当的生物化学处理的话，就会从原始状态生长发育为各种类型的体细胞。干细胞还可以分为两种：一种是全能型干细胞，一种是专门型干细胞。全能型干细胞指的是具备形成完整个体的分化潜能的干细胞，胚胎细胞就是这个类型，它可以无限增殖并且分化为全身200多种不同种类的细胞，这样就可以进一步形成人体的任何组织或器官，确实是全能型细胞啊！还有就是专门型干细胞，这些细胞有具体工作，它们会指定性地将一种类型或者是两种类型密切相关的细胞分化。

❖ 人体中的细胞

干细胞技术

现在科学家利用专门型干细胞培育人体细胞与组织的研究已经获得了一些小的成就，但是利用前景更广阔的还是全能型干细胞，因为它的分化能力十分强。假如我们可以一直不断地获取这种全能型干细胞，就能够在体外经过诱导产生不同的组织细胞，甚至是器官移植。当我们具备这种技术时，那世界上就不会存在"绝症"这个词，也就没有什么不能治愈的病了。因为到这时候，人体的器官就犹如汽车零件一样，随时可以更换零件，哪个零件坏了的话就可以直接换，甚至内脏都可以直接更换，也就是我们能够随意地制造出人体的器官。

知识小链接

其实干细胞还可以进行美容，就是用自己的细胞来美容自己，在国外这项技术被称为"一场除皱美容的生物革命"。简单地说它就是一种用人体本身皮肤干细胞来进行除皱除疤痕美容的技术，如今已经成为整形外科中一项重要的技术，并且逐渐地推入大众市场，受到了很多年轻人士的追捧。

2010年干细胞技术被美国《技术评论》杂志评选为改变世界面貌的新兴技术，干细胞技术正受到科学界的不断重视，而且它广泛的医学价值正逐渐被发现和应用。例如，美国科学家们已经可以将人体干细胞转化成血细胞了，并成功地完成了人类医学史上的首次试验，这就意味着人类今后就可以通过自己来制造血液，自己输自己的血，获得取之不尽的血源，不必担心输血时找不到与自己血型相符的血。还有，哈萨克斯坦的科学家们从流产的胎儿身体里取出干细胞，然后植入实验鼠的体内，逐渐会成长为健康的干细胞，假如这种实验应用到人体身上也会取得成功的话，那肝病患者的福音就会来临。

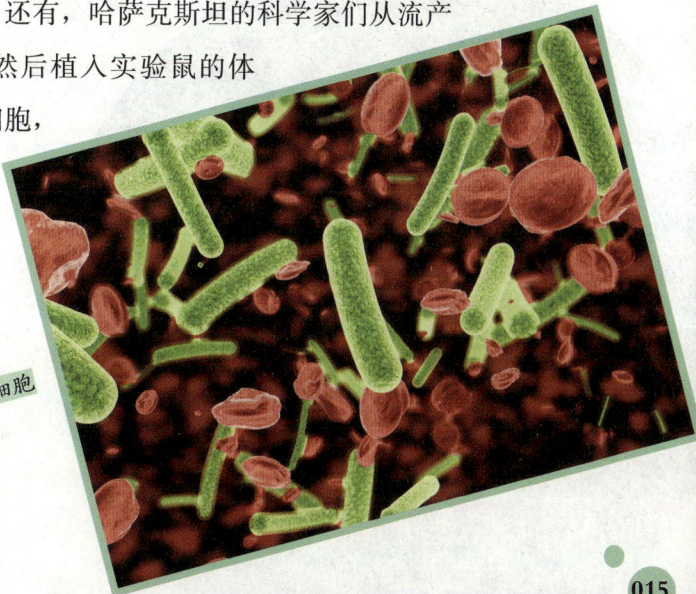

人体中的细胞

Part1 第一章

用**基因**来找病因

得病不可怕，可怕的是我们生病了，却不能查出自己的病因。但是通过基因就可以精确地找到病因。

直到今天，癌症一直是人类面临的最重要的疾病，得了癌症，就意味着和死神交上朋友。所以，各国科学家就开始提出解开人的基因序列，最终找到癌症的"幕后黑手"。

基因属于 DNA 编码的所有序列，这些序列有好多条，人体就拥有 46 条，组合起来就是我们经常讲的基因组，也就是人类生命的载体。基因组作为生命的载体，它记录了我们生命的所有变化。

人类所进行的基因组学研究，就是要把这些序列全部读出来，进行深入的研究。我们就是要知道问题在哪里，错误出在哪里，我们才可以进行改正。但是这项技术一直受到部分人的反对，因为他们都觉得科学家这是要改造人的基因，所以很难接受。

✿ 癌症基因

我们每个人的基因组序列在 10 年之内都会被解开，信息量会十分庞大，因为会拥有 30 亿个字符。那这些信息到底会有什么作用呢？截至目前为止，人类已经用到的有出生前检测、新生儿检测、诊断性检测等之类的。

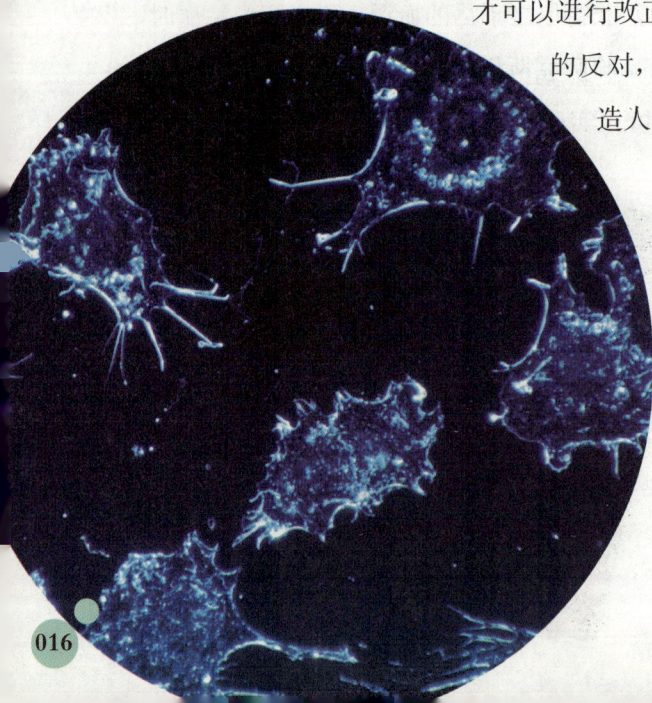

任何生物的生命都是由一个受精卵开始的，然后逐渐分裂成多个细胞，最终发育成个体，这就是生命的发展过程。基因检测技术可以在受精卵刚开始分裂时，把其中的一个细胞吸出来进行检测，看看是否正常，这样是不会影响到其他细胞的。目前，在欧美等国家和地区，这已经成为医院的常规检测，因为通过这种检测可以避免许多先天有缺陷的孩子诞生，如果我国推广这项技术，对我国提出的优生优育政策将起到推进作用。

2009年统计显示，有1900种基因检测可以帮助人类查出多种多样的疾病，目前已经有几百人的基因组全部完成了测序，而且随着这项技术的发展，相关的仪器也会产生。例如，有一种可以测定我们人的基因组的单分子测试仪已经上市，并在之后的几年会逐渐得到普及。

各国也都在进行研究。美国将建立一个数据库，会把所有的遗传变异与它跟疾病的关联都进行注册，并会将数据公开共享。中国地域广阔，人口众多，所有基因的变化自然就会十分复杂。我国科学家针对此问题进行研究，发现只要对一万个人做基因检测，几乎全部与疾病相关的基因序列都会被解开。

❖ 长寿基因

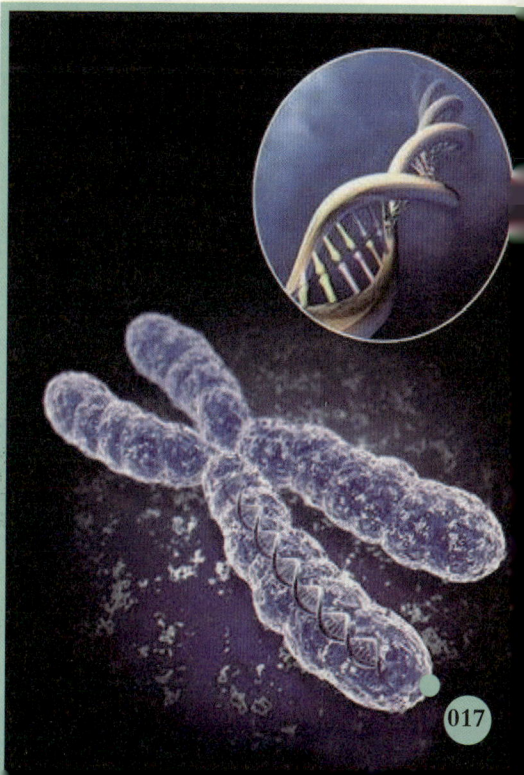

大脑中的芯片

芯片是计算机的核心，如果在人的大脑里植入芯片，我们必然会想到机器人，那到底在现实中能不能实现呢？

芯片对计算机的关键程度就像大脑对人类的关键程度一样。芯片是储藏各式各样的复杂程序与电脑语言的，只有拥有芯片，电脑才可以处理各种各样的事情。人的大脑毕竟比不了计算机的大脑，存储的东西是有限的，但我们还想要自己知道的东西更多，那把芯片植入大脑中会不会实现这个目标呢？目前在科学界发展最快的两个科学领域就是电子技术与生物技术，假如将这两个发展迅速的科学领域结合在一起，会不会有什么新的发现呢？会不会开拓一个新的领域呢？

科学家经过设想得出，在今后进行血液分析时，可以把一滴血滴在芯片上，然后耐心等待90秒，之后就可以得出各种化验指标，是不是很厉害？其实这只是两种技术的简单结合，并不是复杂的一种。

随着科技的不断进步，晶体管的体积越来越小，就像手机、电视变得越来越薄一样，英特尔公司制造出了只有0.03微米厚的迷你晶体管，那这些薄的芯片能不能植入大脑呢？如果这一技术获得成功，那就会将人脑的功能大大提升，获得意想不到的能力。

对此，英国雷丁大学的沃里克

❖ 正在检测基因芯片

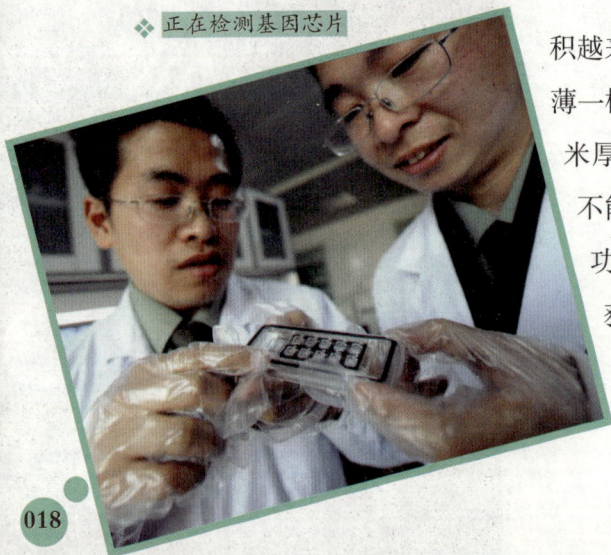

教授决定对自己进行试验，通过外科手术，把一块电脑芯片植入自己的大脑里，并让电脑芯片和大脑神经相连接。沃里克表示，芯片的主要部分就是一个微型处理器，上面有微型电池、一个无线电发射器和接收装置，还有一个处理器与存储的芯片，把芯片与大脑内膜的神经纤维末梢相连接。他目前还不知道自己的大脑对芯片的反应如何，假如试验成功，就会对人工智能机器人的研发产生革命性的影响，甚至可以导致人类记忆的移植。沃里克教授做此试验的目的就是，假如机器人可以独立思考的话，那么我们人类只有通过提高自己大脑的功能，才可以与之竞争，反之是远远不如机器人的。此外，这个研究还会帮助我们所有爱学习的人，因为我们可以把百科全书等学习资料的芯片植入大脑，那我们就会轻而易举地掌握它们。

❖ 基因芯片

虽然在人类身上还没有成功应用，德国科学家却已经成功地把蜗牛的许多个神经元连接在小的晶体管芯片上，而且通过试验证明这些细胞相互连接，与芯片相通，就会创造出一个半机械、半活体的电路，是不是很不可思议呢？

通过这项技术，最终受益的就是老年痴呆患者，因为老年痴呆患者是由于神经元之间的链接松弛脱落，才会导致记忆力衰退，不过这时要是在脑内植入微型芯片的话，就可以重新链接神经元，记忆力不但不会衰退，反而会大大加强。

知识小链接

美国一家公司在 20 世纪开发出了一种液相芯片分析平台，它可以在一个微小的样品中检测出多达 100 种的检测项目，它的高灵敏度与高稳定性是最重要的特点，这种技术被称为悬浮芯片技术。目前国外已经把这项技术成功应用在多种病原微生物与毒素的快速检验中，并取得一些成就，相信不久之后，就会普及到世界各地。

重生的木乃伊和猛犸

俗话说，人死不能复生，那对于早已死去几千年的木乃伊与猛犸来说，是怎样复活的呢？

科学的发展一直是有利有弊，遗传学也是如此，如今的遗传学正处在飞速发展的阶段，新事物在不断产生，这也就引起了很多有识之士的担忧，因为遗传学的发展会引起新的或已消失的生物出现，如果有一天遗传学工程实验室中突然出现了恐龙、始祖鸟等，到时候人类要怎样面对呢？又要将它们安排到何处呢？会不会对世界造成威胁呢？

木乃伊大家应该都不会陌生，这是古埃及特有的，那时候他们没有先进的技术保留贵族死后的尸体，就将贵族尸体做成木乃伊，这样就可以保持好几千年都不会腐烂了。

还有一种很早很早之前就已经灭绝的动物，叫猛犸，是一种大型的动物，

❖ 木乃伊

形态与大小就像现在的大象一样，猛犸主要生活在寒冷的地带。在1979年，科学家们在苏联的西伯利亚地区的冻土层里发现一只猛犸的遗体，保存得非常完好，因为西伯利亚的气温非常低，就像冰箱一样，所以猛犸的遗体才会保存得如此完好，甚至连肌肉都还是红色的呢。

我们为什么要介绍这些呢？我们现在已经多多少少地了解一些有关克隆的知识，其实克隆技术说白了就是只要有一个活着的细胞，科学家们就可以

应用克隆技术复制出一个与原来个体一模一样的。上面我们所提到的木乃伊与猛犸就保存得非常完好，所以如果可以找到活着的细胞，就可以让它们重新复活，重见天日。

不要说这个设想是不可能的，因为科学家们已经在木乃伊身上发现了依然具有生命力的细胞，这个木乃伊就是收藏在柏林古物博物馆的 721 号木乃伊。它死于 2430 年前，生前是一位古埃及王子，死的时候只有 1 周岁。科学家们设想，是否可以通过细胞核移植到一位妇女体内，那么这就意味着，当这位妇女把这个胎儿孕育出来后，这个胎儿就是 2430 岁的埃及小王子，听上去是不是特别奇妙呢？

知识小链接

猛犸为什么会消失呢？科学界一直有三种不同的说法。一种是，经过研究，猛犸数量大量减少的时候，正好是冰川期结束与地球变暖的时期，生存环境改变，导致猛犸灭绝；另一种说法是由于一种病毒入侵了猛犸群体，它们并没有免疫力，所以导致灭绝；最后一种说法也是许多动物灭绝的原因，那就是人类的肆意捕杀。

同样，如果在猛犸遗体上弄下一块儿肌肉，在实验室中使它复活，这样细胞核中的 DNA 就会开始活动，再把细胞核移植到大象的卵细胞内，移植到母象的子宫中，这样的话那只母象就会产出一只猛犸。如果再孕育出雌雄两只，便可以进行繁衍，那么人类就可以看到几千年前灭绝的动物了。

应用这种技术，我们就可以使各种动物重生，只要它存在活着的细胞，例如，在恐龙蛋里找到具有生命力的细胞，那使恐龙复活就不是什么难事了。但如果真的这样，世界会是一个怎样的新景观呢？

❖ 猛犸化石

Part1 第一章

克隆技术 能否实现长生不老

长生不老一直都是人们想要追求的，在我们的印象中，只有神仙才会长生不老，那在科技发达的今天，人类能否实现呢？

现代的"长生不老"

在中国古代，人们不懂得科学，觉得通过修炼或者服用丹药就可以长生不老。相传秦始皇就想要长生不老，他曾派人渡海到东瀛去寻找长生不老的丹药。其实不只是秦始皇，中国古代许多皇帝都是这样，痴迷修炼长生不老丹，也有因为乱服用修炼的丹药而丧命的。在科学飞速进步的今天，或许长生不老已经不是什么难事，因为克隆技术正在登上科技舞台。

克隆技术的横空出世打破了生物界一直不变的有性繁殖方式。例如人类史上第一只克隆羊，它起始于另外一只羊的乳腺细胞核，所以它的基因组与为它提供乳腺细胞核的羊是完全一样的，这就让人们很容

❖ 克隆细胞

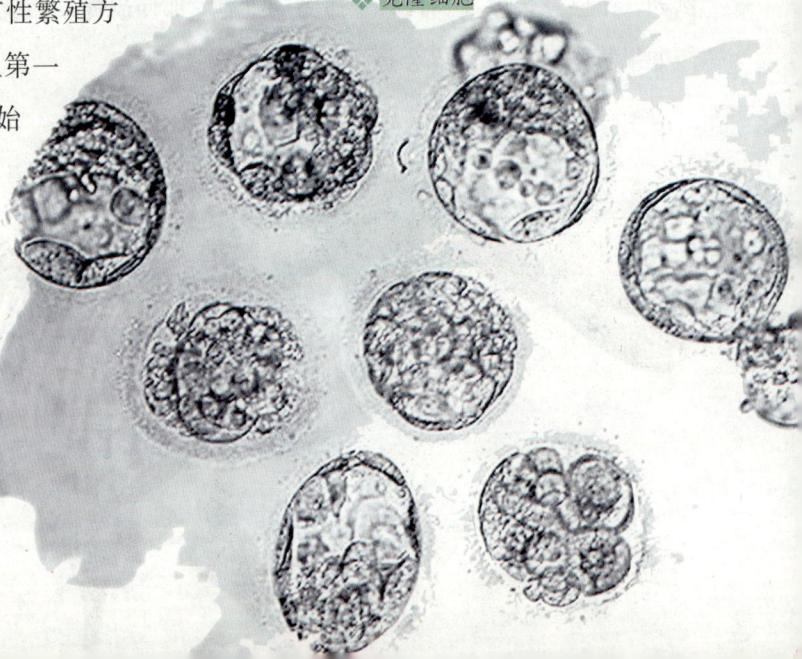

❖ 克隆羊多利

易认为，这两只羊就是同一个个体，克隆羊就是另外一只羊的"替身"。

那么，既然羊可以进行克隆，那同为哺乳动物的人类呢？理论上来讲，应该也可以进行克隆，为自己做出一个活生生的"替身"。从自己的体细胞中提取细胞核，克隆出另一个自己，那不只是孙悟空有 72 个化身，我们人类借助克隆也可以拥有多个化身呢。这就相当于当我们的肉体死去，灵魂却可以在另一个肉体上重现，这样循环往复下去，不就等于是长生不老吗？不少人感到十分兴奋，觉得长生不老终于可以实现，更有媒体打出口号"克隆一个你，让你领回家"。

克隆技术的应用

但是，克隆并不是我们想象的这么简单，人是不可以随意克隆的，我们克隆出的人即使在基因组上完全相同，但是它们会具备独立的意识，就像双胞胎一样，他们的基因虽然完全相同，但是每个人都具备自己的意识。因此，这就代表着，即使克隆出来了你，但克隆出来的也不能代表你的，因为它不会继承

知识小链接

世界上第一只克隆羊的名字叫"多利"，它是由英国科学家伊恩·维尔穆特博士利用一个成年羊的体细胞成功克隆出来的一只羊，这只羊和它的父亲一模一样。相对于其他羊来讲，最大的不同就是多利羊是通过无性繁殖出来的，而其他羊全部是有性繁殖。但是在 2003 年，多利羊因为患上进行性肺病，被处以安乐死。

你的喜怒哀乐，更不能替你生活，只不过是你有了 ❖ 克隆羊多利的研究者
一个双胞胎的兄弟或姐妹。

克隆是在需要克隆的体细胞中植入一个除去核的卵母细胞，这样才可以进行分裂发育。值得注意的是这个除去核的卵母细胞中还有细胞质，细胞质里面含有少量的基因，这些基因会对体细胞的成长产生影响，因此，克隆出来的不可能会与之前的供体完全一致、丝毫不差，只能说是基本上十分相似，不会是镜子中的"你"。

最重要的是，科学家们一直不能确定，克隆出来的个体，年龄应该怎样计算。这是一个十分复杂的问题，因为它涉及了生殖细胞与体细胞的区别，所有细胞都是通过分裂来繁殖，但不可能是永无止境地进行分裂，细胞是有一定寿命的，而决定寿命的就是细胞核染色体的端粒，它存在于每条染色体的两端，每分裂一次，它就会减少一点，等它全部耗尽，细胞就会停止分裂，细胞的寿命也就会随之结束。

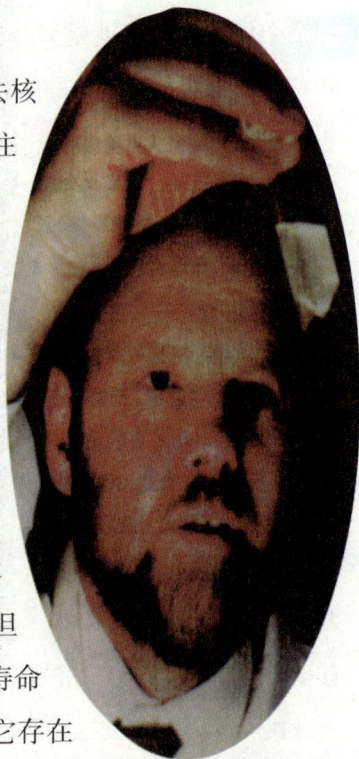

Part1 第一章

N年后的**我们**

未来的我们会是什么样子？是会像科幻电影里面一样，变成刀枪不入、不食人间烟火的新人类吗？

生物界中始终存在着物种变异、生存斗争与自然选择三种现象，也是从简单到复杂，从低等到高等，不断发展进化而来。根据达尔文的理论来讲，人类和地球上的其他生物，全部处于不断进化的过程中，都是在向前发展的，那人类的发展方向会是什么呢？未来的我们又将会是怎样的呢？

我们仔细想一下，其实人的身体是十分脆弱的。在一些疾病面前，我们无能为力；对于那些意外伤害，我们无力回天。而且我们的身体素质并不是很优秀，我们的嗅觉不是很灵敏，我们的视力不是很敏锐，我们的听力不是很机敏，我们也没有一个金刚不坏之身。

科学家们经过对生物学的深入研究发现，我们人类经过了几百万年的进化，身体已经逐渐得到完善，拥有了地球生物里最发达的头脑。可是我们依然不够完美，我们的身体还有许多的不足之处，有很多其他生物具备的优点，我们远远不如。比如：猎犬的鼻子可以分辨出200种不一样的气味；响尾蛇拥有"红外眼"，可以在黑暗中感知到散发热量的生物；猫头鹰能够在伸手不见五指的黑夜看清周围事

❖ 未来的房子

物。这样的例子有很多，全都是人类做不到的，那可不可以把它们全部集中到我们人类身上呢？假如可以，那我们人类将会彻底强大起来。随着生物工程的不断进步与发展，这种设想并不是没有可能实现。

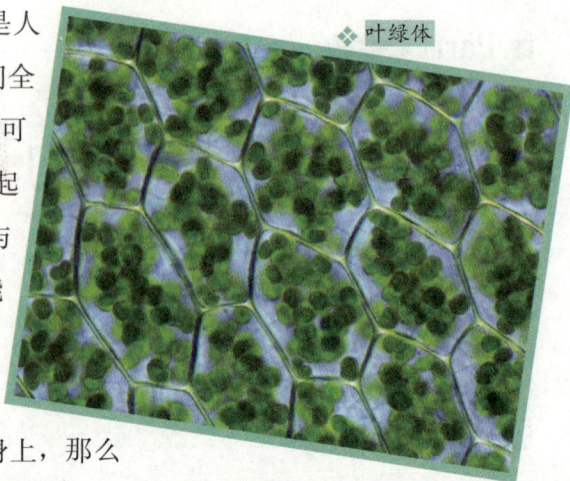
◆ 叶绿体

科学家们首先想起了植物，如果把光合作用应用到人类的身上，那么我们就可以自己生产人体所需的营养。这个过程需要把叶绿体植入人类体中，这样就可以利用二氧化碳、水和阳光直接产生人类所需的能量，那我们只要晒晒太阳就可以吃得饱饱的了，变成不食人间烟火的人类。

那这到底可不可以实现呢？科学家们经过研究发现，叶绿体是可以在一定条件下离开植物的细胞，自己独立存在的，并且还可以行使功能，进行繁殖。更重要的发现是，叶绿体是可以在动物体内生存的，而且依然会进行光合作用。例如，有些海生的软体动物在吃了一些海藻后，叶绿体并没有被完全消化，而是留在消化道的细胞中，这些细胞就可以利用这些叶绿体进行光合作用。还有，美国科学家曾发现，把老鼠的某种细胞放到一种营养液里面，就可以吸收从一些植物中提取出来的叶绿体，这将是一个具有重大意义的发现。

知识小链接

叶绿体是植物细胞，是含有叶绿素可以进行光合作用的细胞器。可以说所有的绿色植物的一切生命活动所需的能量来源于太阳能，绿色植物是主要的能量转换者，就是因为它们还有叶绿体。主要过程就是利用光能同化二氧化碳和水，合成贮藏能量的有机物，同时可以产生氧。这也使叶绿体被誉为植物的"养料制造车间"和"能量转换站"。

如果这个设想成功，那人类就不会为粮食问题发愁，更不会每天花时间去吃饭，饿了就去晒晒太阳，就可以得到营养。到了这时候，我们的地球家园就会是另一个全新的面貌。

Part1 第一章

基因技术的发展空间

　　基因技术正在不断向前发展，其拥有广阔的前景，说不定在不久的将来，基因技术可以帮助我们做到许多我们不敢想象的事情。

我们借助基因技术就可以破解我们自身的基因密码，在这方面，基因技术对于人类健康、预防疾病、延长寿命等，具有很大的促进作用，发展前景十分乐观。当然，要想把人类 10 万个基因的信息和相应的染色体位置破译有一定的难度，但只要被人类破译后，就会大大有利于生物制药产业与医学界知识和技术的创新。

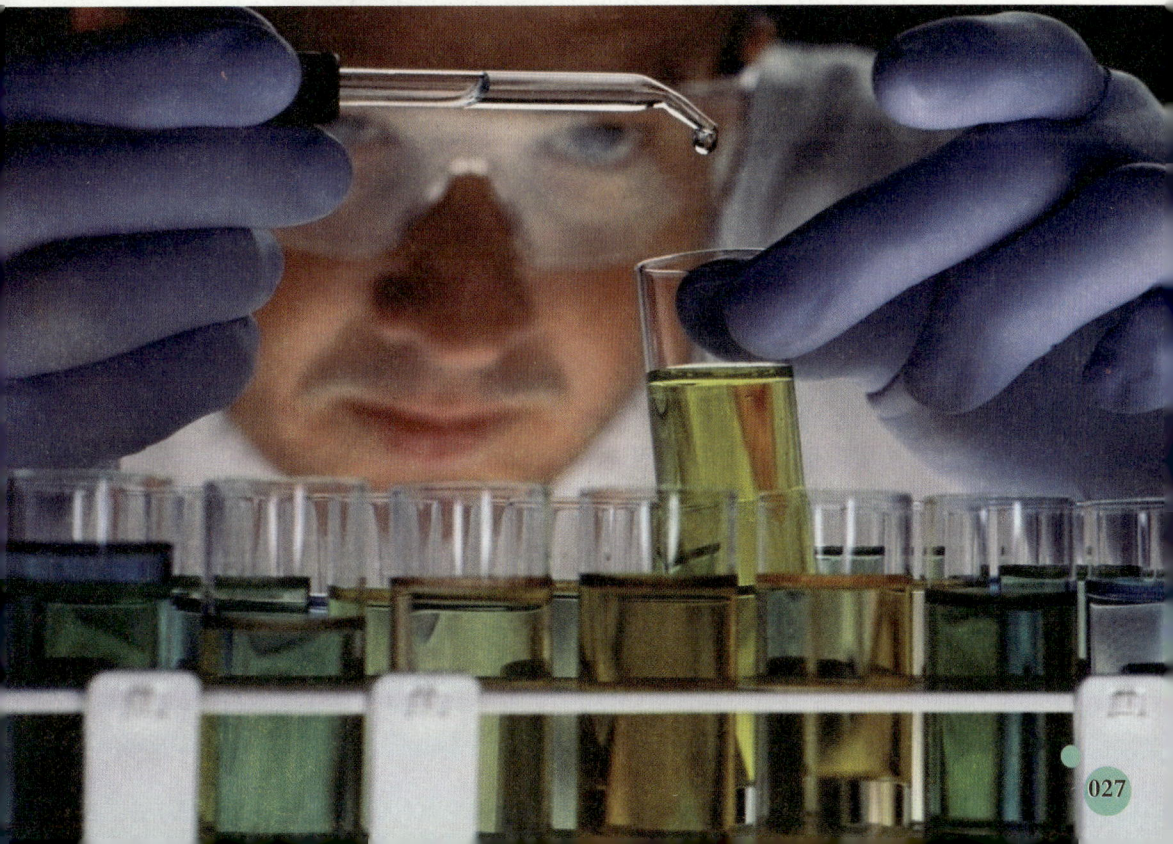

◆ 基因制药

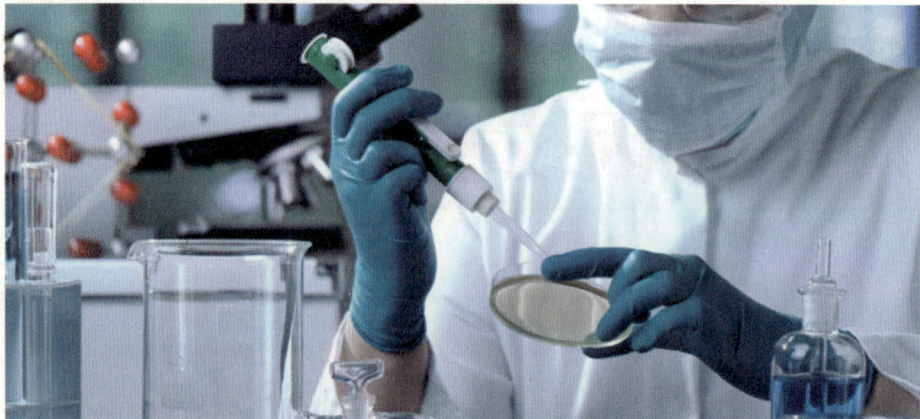

我们都知道工业革命与信息革命是社会发展的转折点，基因技术革命也是如此，必将给社会带来一个新的发展，对人类的发展也必将会产生深远的影响。基因诊断、基因治疗、基因制药等领域都可以大大改变人们的生活，为我们带来益处。不仅如此，基因技术还可以给商业带来巨大收益，促进经济的增长，增加社会财富。总之，基因技术的发展可以带动社会多个领域的发展。

如今，人们对基因技术已经展开深入的研究，并且有了长足的发展与一些小成果。

基因诊断

首先是基因诊断，这是人类基因组计划里面最容易产生效益的一项，它的意义主要表现在两方面：一是遗传性疾病里难以诊断的问题将不复存在，因为通过基因诊断技术，可以使有遗传病史的人在病症没发作前得到确诊；二是基因诊断技术可以使一些隐藏在细胞基因中逍遥自在的病毒不再无法无天，

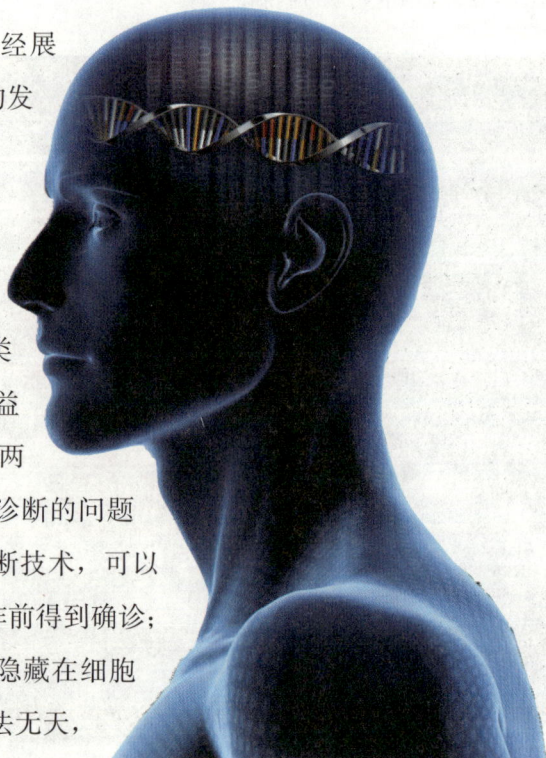

可以很容易发现它们的存在，这样通过治疗就可以及早消灭这些病毒，例如肝炎病毒、癌症病毒与艾滋病病毒等。基因诊断技术基本应用在三方面：首先是通过检测疾病基因与特定基因来判断疾病在个体中发病概率的大小，然后好采取防范措施；其次是借助基因诊断技术针对一些疾病完成个性化药物的研发与生产；最后通过基因诊断可以准确地判断或者确诊一些传染性疾病或是肿瘤在个体中是否存在。

目前基因诊断技术已经广泛应用在疾病监测、婚前检查与亲子鉴定等领域，应用范围十分广泛，所以获得了高度重视。

基因治疗

◆ 基因诊断

再说说基因治疗，简单地说就是把病人身体里病变的基因转换成正常基因，从而达到治病的目的。就拿遗传病来说，一直是医学界的难题，而唯一可以治疗遗传病的就是通过基因治疗。像血友病、糖尿病等患者，通过

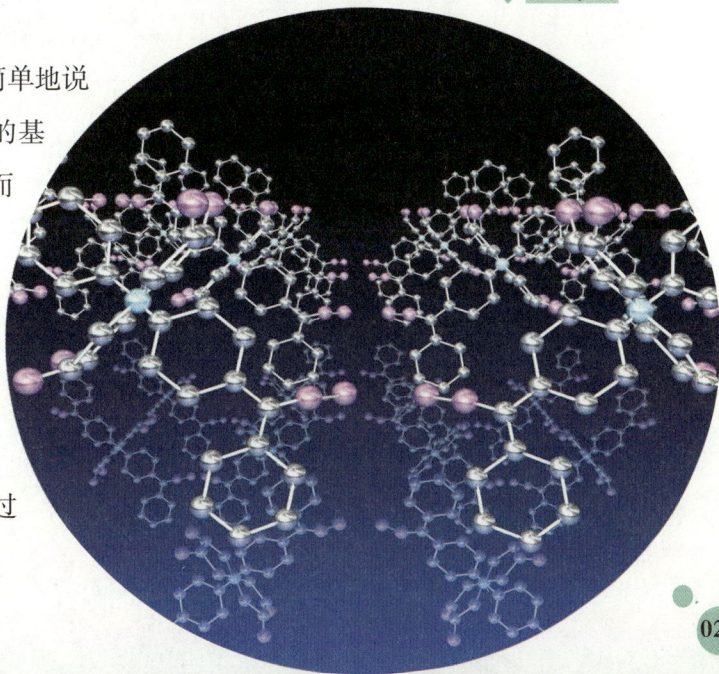

基因治疗就可以获得根治。人类的 6500 多种遗传病就不会再被人们看作不可治愈的疑难杂症了。

基因制药

最后是基因制药，如果采取基因制药，这不但可以节省药物研制时间，同时还可以降低药物研制的费用。基因制药一改传统制药方法，具有诸多优势，是制药业的一次重大改革。迄今为止，世界上已经有 500 多个基因用于药物开发，当基因重组计划全部完成后，这个数量就会提高 6~20 倍，将是医学界的又一新发展。

知识小链接

基因制出的药物叫基因药物，是制药业的一个新方式。基因药物的出现是与基因工程技术的发展息息相关的。基因药物的最大特点，就是选择性。也就是说一种基因药物不可能适用于所有的人种，这是因为不同人种的基因存在较多差别，就连我国的南北方基因都会存在差别。因此，目前我国正在提高技术，争取生产出适应国人的基因药物。

第二章
应用广泛的复合材料

　　铁、铜、铝是我们生活中最常见的金属材料了，随着社会的发展、生活水平的提高，我们接触到的金属则更多是不锈钢、铝合金之类的新型金属材料，难道它们是自然界中是学质的形式存在，后来才被人们发现的吗？其实并不是，它们有一个统一的名字，叫作复合材料。它们是由两种或者两种以上不同性质的材料，通过物理或化学的方法组合而成的新材料，它们可以继承不同单质的优点，集多种性能于一身，所以复合材料有着单质所不具备的超高性能。复合材料已经应用到航天航空、汽车工业、化工纺织业、机械制造业、医学领域等。

超导体

正是因为金属的电阻，使电器在使用过程中产生热量。我们可不可以研究一种金属，让电流畅通无阻地"穿越"？

❖ 超导体

通常情况下，人们都会认为金属是电的最佳导体，而像陶瓷一类的是电的绝缘体，电流不能通过。实际上，金属和陶瓷是一样的，都是含有电阻的材料，只不过金属电阻比较小，电流可以顺利通过，而陶瓷的电阻很大，电流要想过去，可不是那么简单的。

任何事物都有利弊两面，金属具有电阻也不例外，好的方面是因为金属具有电阻，所以电流通过金属的时候，金属会发热，所以人类发明了电饭锅、电炉、电热毯等家用电器；坏的方面是，在电流经过时，就会导致电线发热，使电力极大地浪费掉了，严重时还会引起火灾等。

那我们可不可以减小金属的电阻，或者直接使电阻消失呢？科学家们研

❖ 温度上升的超导体

知识小链接

超导体处于超导状态时具有两个性质，一个是零电阻效应，另一个就是抗磁性效应。抗磁性指的是超导体内部产生的磁化强度与外磁场完全抵消，从而内部的磁感应强度为零。日本应用此性质已研制出磁悬浮列车，而欧美一些国家也将应用此性质去研究超导马达，超导马达比一般的马达要轻很多，应用到汽车上还可以节约石油等资源。

究发现，金属的电阻会受到温度的影响，温度上升，金属的电阻就会上升；温度下降，金属的电阻随之下降。那把温度无限下降，金属的电阻会不会消失呢？答案是不会的。因为经过试验，即使温度接近绝对零度，也就是零下 273℃时，一般的金属也是依然存在电阻的，所以我们所幻想电流经过金属时不存在损失的美好想法是不可能实现的了。

那超导现象是怎么发现的呢？荷兰科学家卡麦林·昂尼斯带领的科学小组在进行实验时发现，在液氦温度的条件下，汞的电阻是完全不存在的，始终处于环路中流动的电流，经过一年的时间也不见衰减，超导现象就这样被人们发现了。

昂尼斯发现超导现象后，马上着手应用超导体来绕制强磁体。遗憾的是，并不是他想象的那么顺利，因为汞这种金属在超导状态下，即使通过十分小的电流，在很弱的磁场下也会被破坏掉，所以没能与电磁性应用发生什么联系。不过即使是这样，超导现象的发现也必然会引起科学界中的有识之士去探索、去发现。

◆ 超导体

■ Part2 第二章

合金大家族

餐具离不开不锈钢，门窗离不开铝合金，就连医学界也得用到钛合金，合金这个庞大的家族到底涉及多少领域呢？

当今社会的生产与生活中，合金已经悄无声息地融入生产生活中，变成了最为常用的材料，那究竟什么才能被称为合金呢？

合金的定义就是由两种或者两种以上的金属，或者是金属与非金属经过特殊的方法来合成具有金属特性的物质。通常情况下是通过熔合成液体，然后再经过凝固得到。合金可以分为二元合金、三元合金与多元合金，这是根据合金组成元素的数目来划分。下面就介绍几种常见的合金。

知识小链接

一种应用于导弹、火箭制造上的合金正受到各国的重视，它就是钛合金。是一种以钛元素为主，加入其他元素的合金，主要特点就是高强度、耐腐蚀、耐高温，所以主要作为航空材料，应用于飞机发动机与压气机的制作。

▧ 铝合金

铝是地壳中含量第三高的元素，前两名分别是氧和硅，而且铝是金属中含量最高的，分布十分广泛。纯铝的密度比较低，具有良好的导热性、导电性与延展性，而且可塑性也比较高，能够进行各种机械的加工制作。铝的化学性质也很活泼，暴露在空气中可以快速地氧化成一层致密的氧化膜，所以具有良好的耐蚀性。

铝合金的特点是密度小，强度高。在铝中加入锰、镁后，形成的合金具有很好的耐蚀性和较高的强度，正是因为其拥有很好的耐蚀性，所以被人们称为防锈铝合金。生活中常见的容器、铆钉等基本上都是防锈铝合金制成。还有一种铝合金叫作硬铝合金，顾名思义，这种铝合金的硬度十分高，但是耐蚀性就不是很高了。硬铝合金主要是铝和铜、锌熔合而成。通常硬铝合金应用在摩托车骨架与轮圈或者飞机零件等承载较重的运动器材上。因为可以提供运行速度，并且抗腐蚀性、避磁性都比较理想。

❖ 铜合金

铜合金

纯铜是紫红色的，所以称为紫铜，具有极好的导热性与导电性，而且铜的导电性在金属家族中仅次于银，这也是为什么电线基本都是铜丝制成的。它的稳定性与耐蚀性也是能成为优良的电工用材料的条件。在工业中广泛使用的铜合金主要有白铜、黄铜和青铜等。

白铜是铜和镍的合金，具有良好的耐蚀性和较高的电阻，因此可以作为苛刻腐蚀条件下工作的零件和电阻器的材料。

❖ 锌合金

黄铜是铜与锌的合金，此合金具有优良的导热性与耐腐蚀性，可以用作各种仪器的零件。如果再加入少量的锡的话，就成了海军黄铜，主要应用在海军事业，因为此合金具有良好的抗海水腐蚀能力。如果在黄铜中再加入少量的铅的话，就可作为滑动轴承的材料。

还有一种铜合金叫作青铜。在

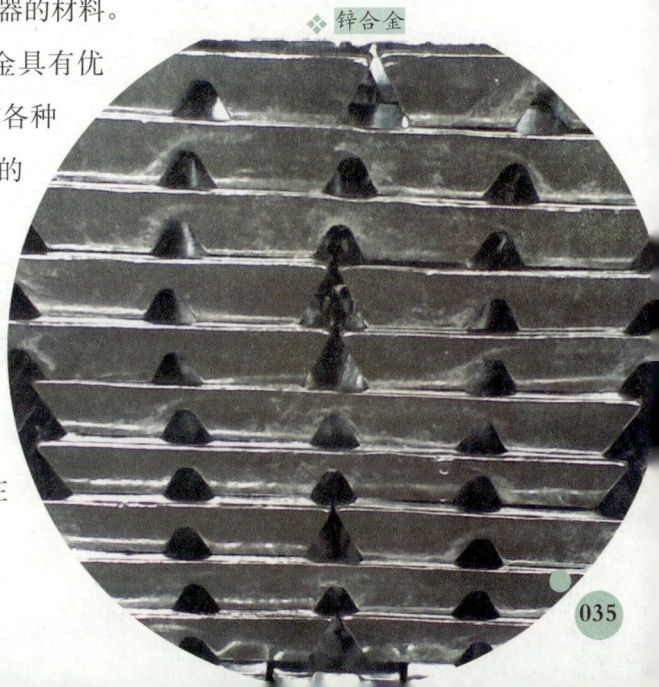

中国古代，就已经出现了许多青铜器，此合金是铜与锡的合金，与纯铜相比，青铜的强度与塑性得到了很大的提高。因为锡的价格昂贵，所以人们逐渐用铝、硅等元素来代替。其中铍青铜的强度是最高的，可以和钢一同作为弹簧材料。

❖ 古代铜合金——青铜器

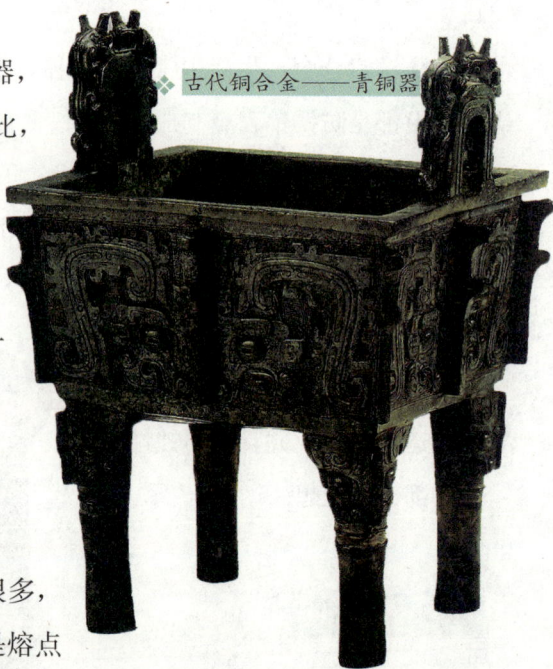

锌合金

锌合金中，与锌合作的元素有很多，如铝、铜、镁、铅等。主要特点就是熔点低，流动性比较好，而且易熔焊，可塑性强。主要是通过熔融法制备，压铸或者压力加工形成。按照制造的工艺可以分为两种锌合金，一种是铸造锌合金，一种是变形锌合金。主要应用于汽车外壳与压铸仪表等。

❖ 有钛合金材料的火箭模型

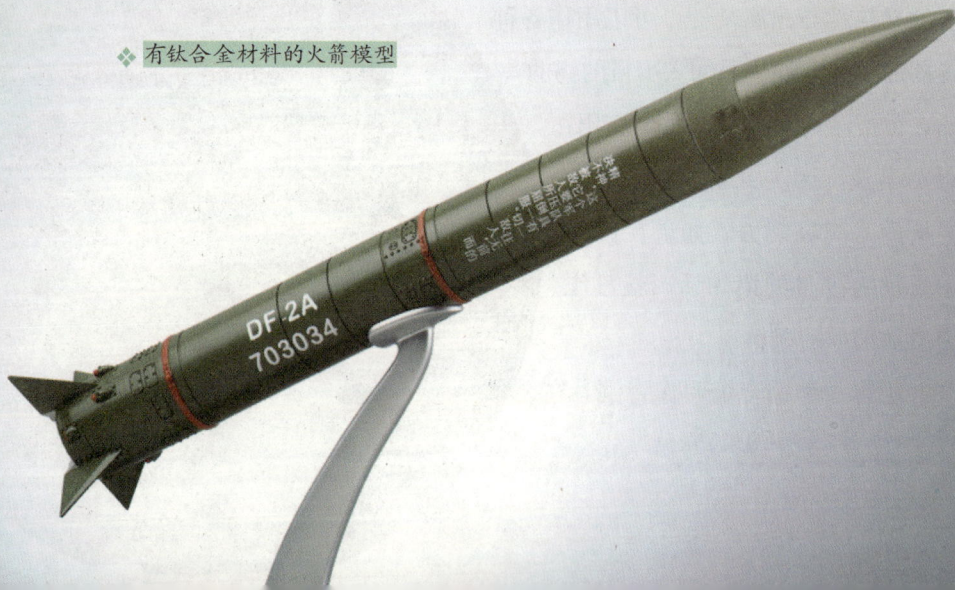

DF-2A
703034

Part2 第二章

有**记忆**的合金

人有记忆，金属也会有记忆，它们的记忆是记着什么呢？

金属的"记忆"

当人们把一些合金的形状改变之后，再加热到一定的温度，就会出现神奇的现象，被改变形状的金属会神奇般地变回原来的形状，这一现象就是合金的"记忆"效应。最早发现这一效应的人是瑞典科学家奥兰德，他在1932年发现金镉合金具有"记忆"效应。虽然记忆合金发现和利用的时间都相对比较晚，但是由于它特殊的功能，已经被广大科学工作者所重视，并且被人们誉为"神奇的功能材料"，逐步应用到各个领域中。

记忆合金的应用领域

拥有记忆本领的合金确实是合金中的"国宝"，它出色的才能与出众的表现已经在工业生产、电子器具、航天、医疗技术等诸多领域发挥作用。

例如在航天方面，形状记忆合金已经取得了重大进展。荷兰科学家已经

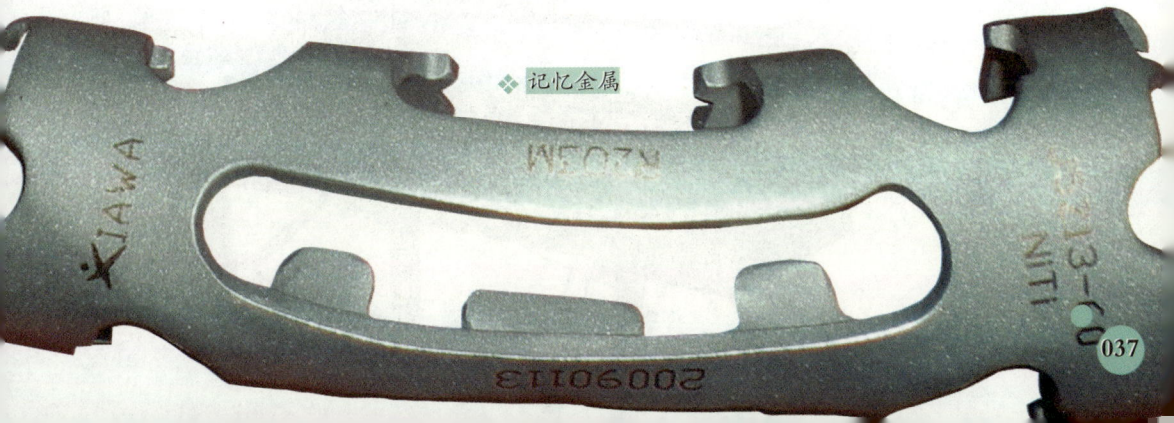

❖ 记忆金属

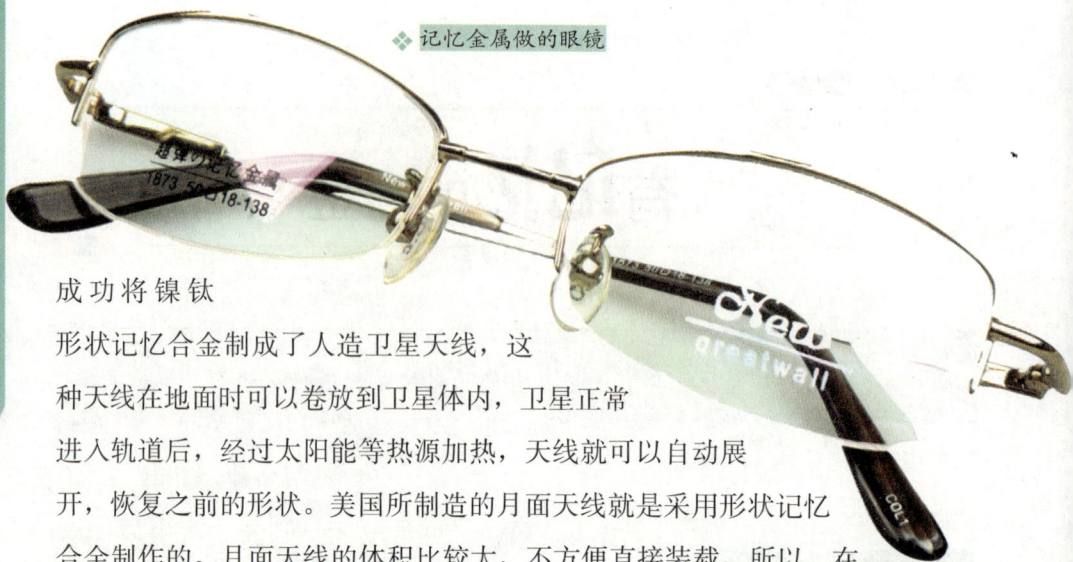
❖ 记忆金属做的眼镜

成功将镍钛形状记忆合金制成了人造卫星天线，这种天线在地面时可以卷放到卫星体内，卫星正常进入轨道后，经过太阳能等热源加热，天线就可以自动展开，恢复之前的形状。美国所制造的月面天线就是采用形状记忆合金制作的。月面天线的体积比较大，不方便直接装载，所以，在进行装载时先把它压缩成小球团，装到火箭或者航空飞机上，等到达月球表面时，由于受到太阳光照射，温度快速提升，它就可以"变回"原形。这种记忆金属在航天领域可谓大展拳脚啊！

拥有记忆功能的合金在电器与电子仪器方面也是大显身手。这些合金可用于各种电磁控制装置，能够取代很多的电动器，不仅简化了结构，同时降低了成本，简直是一举两得。自动电子干燥箱的驱动元件就是采用的记忆合金，主要还是利用合金的记忆效应来控制弹簧动作，控制闸门的开关，冷热交替，就可以自动完成干燥的工作。

知识小链接

记忆合金在医学领域也有着神奇的作用。例如，记忆合金支架，许多脑血栓患者到了中后期如果得不到及时治疗，就会导致大脑中血管流通不畅，这时就可以将记忆合金支架经过科学手段装入血管中，当温度上升，记忆合金就会恢复之前的形状，这样血管就会得到舒张，血液便会顺畅流通。

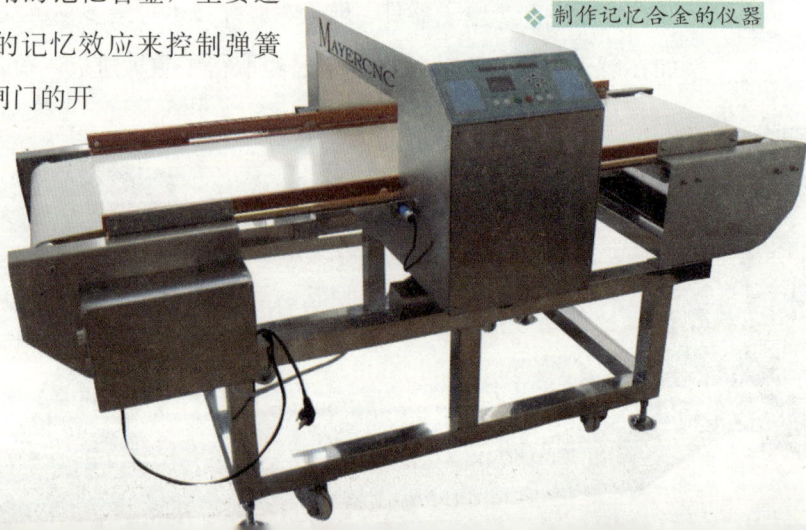
❖ 制作记忆合金的仪器

其主要采用的是镍钛合金，用镍钛合金代替传统的电磁元件，不仅使干燥箱的体积变小，干燥能力也会大大提升，最重要的是还省电，节约了资源，做到了环保。

❖ 记忆合金

在汽车制造业也涉及了记忆合金，汽车发动机的冷却离合器也是由记忆合金制作的，采用记忆合金的好处是，当发动机温度过高时，记忆合金元件就会使风扇连上传动轴，然后对发动机进行冷却降温。这样，不仅可以缩短暖机时间，还能提高节能效率。和传统零件相比，优势自然会突显出来。提到汽车，我们不妨想象一下，假如汽车外壳也由这种记忆合金制作，那当汽车出现事故"变形"之后，只须对其稍稍加热，就可以恢复之前的形状，再也不用花大笔的费用来进行维修了。

记忆合金是新兴功能材料，它的用途还在继续开发，涉及的领域还在继续扩大。经过不断的发展，总有一天，记忆合金会遍布我们生活的各个领域。

不锈钢 "不锈" 的奥秘

不锈钢为什么不生锈？它本身拥有什么奥秘吗？它的 "不锈" 之因到底在哪儿？

大部分金属都会生锈的，因为金属会与大气中的氧气进行反应，这样在金属的表面就会形成氧化膜，这层氧化膜还会继续进行氧化，这样就会形成锈蚀。我们经常会利用油漆或者电镀来保护金属不生锈，但这只是暂时性的，只是一层保护膜而已，当保护层被破坏的时候，那么下面的金属依然会锈蚀。

不锈钢的横空 "出世"

在 19 世纪，出现了一种不会生锈的金属钢，它就是不锈钢，是由英国冶金专家亨利·布利阿里发明的。

关于不锈钢的发明和使用

❖ 不锈钢钢材

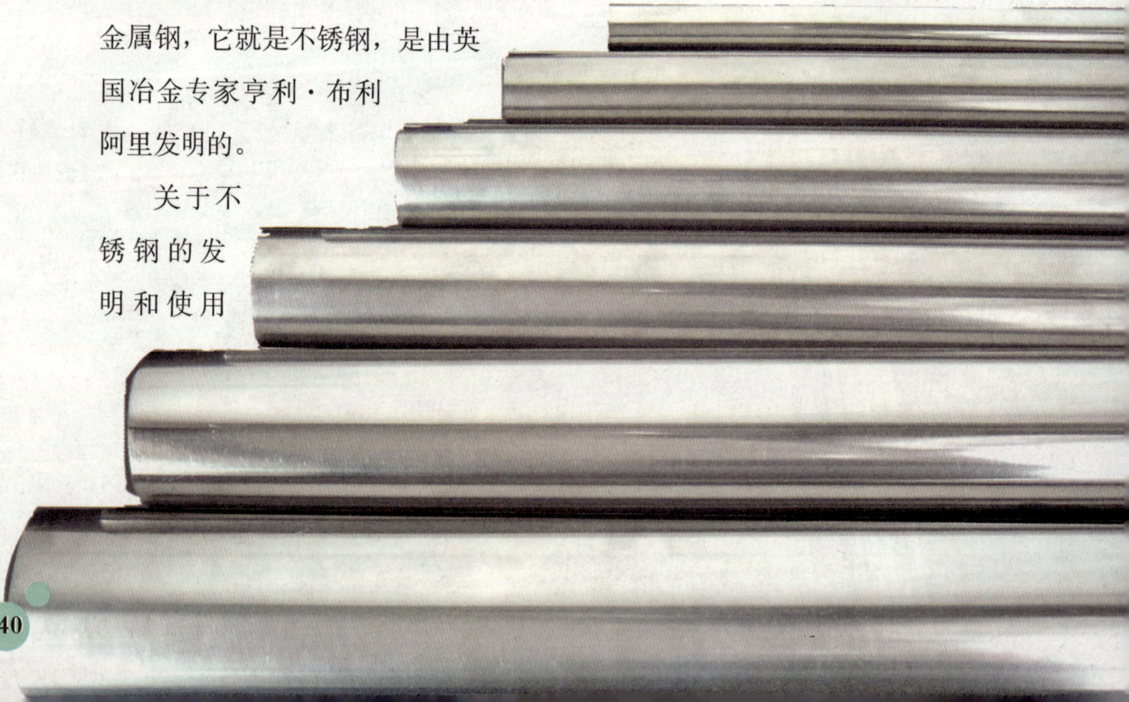

还要追溯到第一次世界大战。在战争时期，英国军队在战场上使用的枪支总因为枪膛磨损被运回后方，当时布利阿里奉命解决这一系列的问题，布利阿里和他的助手收集了许多国内外各种型号、各种性质的钢材与合金钢，然后

不锈钢

对它们进行各种实验，最后选择出适合做成枪支的钢材。

有一次，他们正在对一种含有大量铬的合金钢进行耐磨实验，实验结果显示，这种钢并不耐磨，所以不能作为枪支的使用材料，于是便把这块钢扔到了角落里，对下一种钢进行实验。

转眼之间，时间过了几个月，一位助手在清理仓库的时候惊奇地发现，有一块钢锃光发亮，再看看其他的钢材都已经锈迹斑斑了。于是他拿着这块钢找到了布利阿里，布利阿里看到这块钢十分兴奋，觉得这块钢肯定有不一样的作用，于是立即对这块光亮耀眼的钢进行实验。经过实验证明，这是一块不怕酸、不怕碱、不怕盐的不锈钢。虽然这种钢不耐磨，做不成枪支，但是完全可以做成水果刀、勺子、果盘之类的。所以布利阿里亲自动手制作了一系列餐具，并且获得了很大的成功。

在1916年，布利阿里的不锈钢在英国获得专利权，并且进行大量的生产，这块从仓库废料里发现的不锈钢瞬时间风靡全球，布利阿里也被人们誉为"不锈钢之父"。

知识小链接

我们常说的不锈钢并不是一种钢。按照其组织结构可以分为奥氏体型不锈钢、铁素体型不锈钢、双相不锈钢、马氏体型不锈钢与沉淀硬化型不锈钢。奥氏体型不锈钢就是我们常见的不锈钢，占不锈钢总量的70%。铁素体型不锈钢强度高，但是韧性差。双相不锈钢具有以上两种钢的优点。马氏体型不锈钢是用热处理来调整性能的钢。沉淀硬化型不锈钢是使钢中碳化物沉淀析出而得到的钢。

Part2 第二章

黏土中提炼出的金属

铝这种金属有许多讨人喜欢的性能。它比铁轻巧，密度只有 2.7 克 / 厘米^3，比铁和铜小得多。

铝的导电导热性仅次于银、金和铜；有良好的塑性，能碾压成仅仅 3 微米厚的铝箔；27 克铝可以拉成 1 千米长的细丝，绕起来又可以放进一个火柴盒内。因此，铝合金制品不仅进入了人们的日常生活中，而且天上飞的飞机、卫星，地上跑的汽车、火车，海上航行的船舶、舰艇，地下埋的电缆等形形色色的工业产品中都有铝合金。不过，铝的发现和使用也经历了许多曲折。

古代欧洲的历史学家普利尼长老曾讲过一个惊人的故事，那是不到 2000 年前的事。有一天，一个陌生人来到古罗马，拜见罗马皇帝提比略，他献给提比略一只金属杯子，这只杯子像银子一样闪闪发光，但分量很轻，比银杯轻得多。这个人对皇帝说，这种新的金属杯子是他用从黏土中提炼出来的金属制造的。提比略是一个目光短浅、爱财如命、饱食终日的暴君，他对陌生人贡献杯子虚伪地表示了感谢，但过后他一想，觉得这位陌生人对他是个很大的威胁，就下令手下人追捕这位发明家，把他杀掉，之后又把他生产这种新金

❖ 铝合金

❖ 金属

❖ 金属球

属的作坊捣毁。原来，提比略害怕这个陌生人从黏土中提炼的大批新金属会使自己的金银财宝贬值。从此，再也没有人动过提炼这种"危险金属"的念头。现在很难说这个故事是真的还是虚构的。但是，从黏土中提炼出来的这种金属至少从那以后销声匿迹了。而现在已经知道，铝确实是从含丰富氧化铝的黏土中提炼出来的。

到了 16 世纪，一位叫帕拉塞尔沙的科学家又闯进了铝的世界。他研究了许多矿物和金属，其中包括明矾，证实其中存在当时还不知道的一种金属氧化物，后来才知道那就是氧化铝。但当时谁也没能把这种金属分离出来。

1746年，德国人波特从明矾中制成了一种氧化物，即氧化铝。但他也没能从氧化铝中把铝分离出来。

1807年，英国科学家戴维用电解法发现了钠和钾两种新金属，但当他试图用同样的电解法分解氧化铝取得铝金属时，却没有成功。几年之后，瑞典化学家柏齐利厄斯进行了类似的实验，也以失败而告终，可见铝和氧的亲和力极大，达到难解难分的程度。

知识小链接

近年来随着工艺的发展，纸黏土更加细腻、质轻、黏度更高，可以制作比较精细的工艺品，而且出现了彩色纸黏土。这种黏土在一些国家从20世纪70年代已经普及，通常是儿童雕塑课堂使用的材料。近年来成为流行的手工捏塑材料，许多创造的作品成为时尚的装饰，已经融入日常生活。

1825年，丹麦科学家奥斯特用钾汞齐还原无水氧化铝，终于取得成功，他第一次提炼出的铝只有几毫克，样子和颜色有点像锡。他在一个化学杂志上发表了实验结果，由于这个杂志不太有名，这篇划时代的文章当时竟被科学界冷落了。

两年后，年轻的德国化学家沃勒在丹麦首都哥本哈根拜访了奥斯特。奥斯特这时已不打算继续做提炼铝的实验，于是沃勒回到德国，立即以极大的兴趣着手研究铝的提炼方法。到1927年末，他发表文章介绍了自己提炼这种新金属的方法，在开始实验时，他提炼出的铝也就针头那么大小，经过不断改进，他终于提炼出一块致密的铝块，但为了提炼出这一小块铝，整整耗费了他18个年头的宝贵光阴。

Part2 第二章

历尽坎坷的钛

金属钛，是现代化工业中独领风骚的一颗材料"明星"，它的密度比铁小（钛的密度 4.5 克 / 厘米³，铁的密度 7.8 克 / 厘米³ 左右），但强度却比许多钢材还高，它在 500℃ 的高温下也能保持强度不变。

在 超低温下，钛的电阻几乎等于 0，因而又是一种优良的超导材料。由于钛具有许多优异的性能，使它在航空、航天、航海工业中特别受重视，成为不可缺少的材料，被称为"空间金属"。但是，在钛成名之前，却一直受人轻视，历尽坎坷。首先，它的出生就像一个难产的婴儿，极不顺利。

知识小链接

钛是一种金属元素，灰色，原子序数 22，相对原子质量 47.87。能在氮气中燃烧，熔点高。钝钛和以钛为主的合金是新型的结构材料，主要用于航天工业和航海工业。

那是在 1791 年，英国的化学家和矿物学家威廉·格雷戈尔在一种铁矿石中发现了一种新元素，但没能把它提炼出来，于是给它取了一个不太吉利的名字叫"梅纳辛"，英文中"梅纳辛"隐含着"威胁"和"祸事临头"的意思。1795 年，德国

化学家马丁·克拉普罗特在研究金红石时，又发现了这种元素，他认为"梅纳辛"这个名字不好，就趁机改了一个好听的名字"钛"，钛的英文名字 Titanium 是从希腊神话中的提坦神 (Titan) 演化来的，意思是"力大无比"。因为传说提坦神曾统治过世界上的巨人族。后来，钛"长大成人"后，果然"力大无比"，在飞机、宇宙飞船、潜水艇等许多尖端工业中都建立过不朽的功勋，不过这是后话，暂且不提。

❖ 镜面金属钛

虽然名字是好听了，但钛却只是孕育在钛铁矿和金红石这些"母体"中，始终也没有分离出一个"纯种"来，它以二氧化钛（一种白色晶体粉末）的形式隐蔽起来，始终不愿降生人世。

1875 年，俄国的化学家基利洛夫第一次分离出金属钛，还写了一本叫《钛的研究》的小册子。但在沙皇时代，没有人对钛这个陌生的金属感兴趣，何况基利洛夫得到的钛中，杂质不少，一碰就碎。在性质上并没有表现出什么特别的优点，所以钛又被人们冷落了许多年。

1910 年，美国一位叫亨特的化学家，总结了前人提炼金属钛的方法，改用金属钠还原四氯化钛，终于得到了比较纯的钛（杂质只有百分之零点几）。但是，不管怎么说，这种"纯"钛还是不能用，因为即使这百

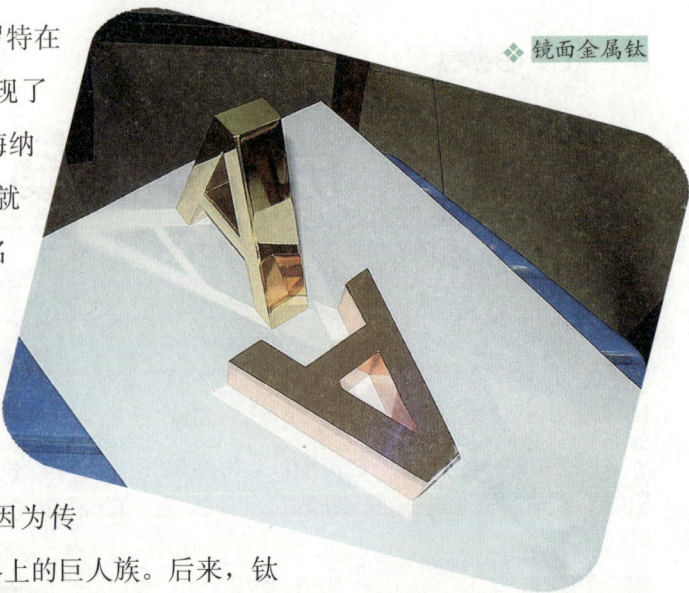

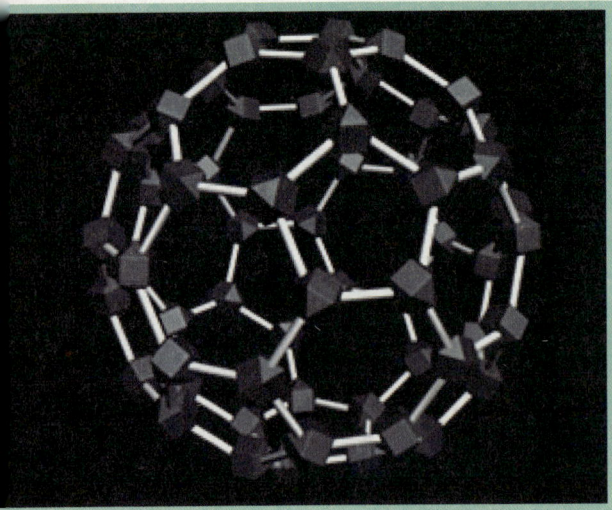

分之零点几的杂质也仍然使钛又脆又弱，经不起机械加工，那些杂质就像蛋糕中的苍蝇一样令人讨厌。结果，钛还是落了一个"毫无用处的金属"的坏名声。

1925 年，荷兰的科学家范·阿克尔和德博尔在一根加热的钨丝上还原四氯化钛，得到了高纯度的钛。他们发现，这种高纯度钛具有很高的可塑性，可以像铁一样轧成板、棒和丝材，甚至可轧成最薄的箔片。更令人惊讶的是，它的强度和硬度很高，比铝硬 11 倍，比铁和铜硬 3 倍。

钛这个被人轻视了 100 多年称为"毫无用处的金属"的名誉终于得到了更正。

1950 年，美国首次在 F-84 战斗轰炸机上使用了钛。20 世纪 60 年代，钛在军用飞机中的用量达到飞机结构重量的 20％～25％。苏联的大型客机图 -144 的发动机舱、副翼和方向舵也采用钛。70 年代，美国的波音 747 客机用钛量达 3640 千克。美国的一架高空高速侦察机上，钛占飞机结构重量的 93％，号称全钛飞机。钛终于飞黄腾达起来！

钛真没有辜负给它取名字的德国化学家马丁·克拉普罗特的期望，它以力大无比的卓越表现赢得了崇高的荣誉。

Part2 第二章

多种材料"合体"

每种材料都具备各自的优点，当它们"合体"，组成复合材料，会不会将优点集于一身呢？

什么是复合材料

复合材料是什么呢？简单地说，就像它的名字一样，是由多种材料组合而成，如果要从定义上说，它就是以一种材料作为基体，另一种或多种材料作为增强体，组合成的一种多相材料。复合材料的综合性要优于各组合材料，要达到单一材料不可以达到的性能，组成复合材料的各种材料在性能上是相互协作、取长补短的，只有这样，复合材料才会满足各种不同的要求。

在古代，复合材料就已经产生，并且被人们所应用。例如在黏土里加入稻草，增强牢固性；在混凝土中加入钢筋，以增强坚硬性。这些都是非常典型的复合材料。由于复合材料的种类很多，所以要对其进行简单的分类，大概可以分为金属基复合材料与非金属基复合材料两类，从文字中我们就可以判断，这是按复合材料的基体所进行的分类。

❖ 木塑复合材料

常见的复合材料

有一种复合材料叫作高分子基复合材料。具有质轻、强度高的特点。在强度与弹性两方面没有任何材料是可以与之媲美的，同时高分子基复合材料还具备多种优良性能，如耐腐蚀、电绝缘、热性能等。就是因为它们具备如此多的性能，所以在航空领域、化学工业、电气工业、建筑工业等都被广泛地应用。

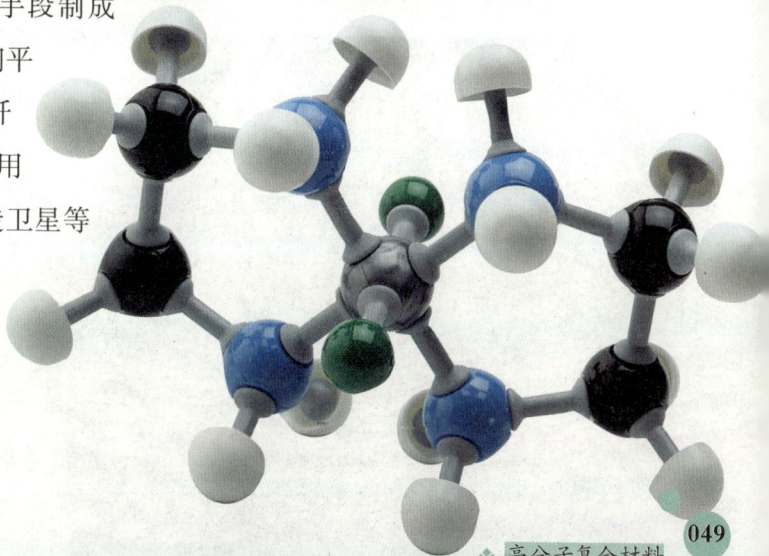

玻璃钢是我们生活中很常见的，它就是高分子基复合材料之一。玻璃钢并不是"钢"的一种，不要被它的这个普遍名称所迷惑。它的学名叫作玻璃纤维增强塑料，正如它的学名一样，玻璃钢是不含任何金属元素的，玻璃钢是以合成树脂作为基体材料的，以玻璃纤维作为增强材料，是复合材料大家族中的典型代表。

还有一种我们不常见的复合材料，但是科学家们很常见，那就是碳纤维增强复合材料，到目前为止，碳纤维增强复合材料是世界上最先进的复合材料之一，因为它是最先进的，所以自然具备多种优势性能，如质轻、高强度、耐高温、抗腐蚀等，为什么具备如此多的优良性能呢？我们看看它的制作过程就知道了，它是由优质合成纤维经过热稳定氧化处理还有碳化处理，以及石墨化处理等多种手段制成的。还有就是为什么我们平常人不常见呢？因为碳纤维增强复合材料主要应用在宇宙飞船、火箭、人造卫星等航空领域，它们的外壳大多是由碳纤维增强复合材料制成的，是不是我们基本上看不到呢？

Part2 第二章

多种新型塑料的用途

塑料我们再熟悉不过，但是新型塑料的应用我们又知道多少呢？

如今的塑料技术已经不是我们所认识的塑料那么简单了，随着新材料的开发，已有材料正在完善并提高性能，塑料技术也在高速发展，并催生出多种高科技塑料应用在多个领域。

变色塑料

我们日常生活中所见的塑料有多种颜色，但自己会变色的塑料谁又曾见过呢？由英国与德国共同组建的研究所开发出一种可变色的塑料薄膜。它也可以叫作塑料蛋白石薄膜，是三维空间中叠起来的塑料球组合而成的，其中包含碳纳米粒子。照射在上面的光不仅在塑料小球上反射，也会在这些夹杂在里面的碳纳米粒子上反射，这样一来，就可以大大加深薄膜的颜色。只要把小球的体积控制好，就可以产生散射光谱频率的光物质，

知识小链接

目前许多汽车公司对新型塑料十分感兴趣，并且在着重研究，因为这些制造商在设想将汽车外壳从金属制造变为塑料制造。因为塑料外壳的好处有很多，不仅可以降低成本，还可以节能。若将金属外壳改成塑料外壳，首先车身的重量将大大下降，外形会更加美观，设计会更加精巧；其次在燃油消耗与排气量方面也会大大下降，从而达到环保的目的。

◆ 变色塑料

进而实现变色。这实际上是一种让物体精确改变颜色的新途径，是把天然光效果与人造光效果结合起来的一种新手段。

生物塑料

生物塑料是以植物作为原料的一种新型塑料，由日本电气公司研制开发，别以为它是以植物作为原料就小看它，生物塑料最大的特点就是具有高热传导率，其传导率与不锈钢不相上下。新型高热传导率的生物塑料是在以玉米为原料的聚乳酸树脂里加入碳纤维与特殊的黏合剂，从而得到这种塑料。加入碳纤维的多少还会影响到它的热传导率。例如：加入 10% 的碳纤维，其热传导率和不锈钢是不相上下的；加入 30% 的碳纤维，其热传导率就变成了不锈钢的 2 倍。那我们想象一下，如果加入更多的碳纤维，结果会是怎样呢？

❖ 生物塑料

高热传导率并不是生物塑料的唯一优点，质量轻、易成型也是它所具备的，还有就是因为它以植物为原料，所以对环境污染小也是它的亮点。如今，我们使用的超薄型电视、手机、电脑等电子产品的外框就是应用的生物塑料。

血液塑料

这种新型塑料听上去比较恐怖，那是因为你没看到过它，如果你看到了它，你会觉得更恐怖。它是由英国科学家们研究开发出来的，是一种人造"塑料血"，其外形是浓稠状的，看上去有些瘆得慌，但"物不可貌相"，它的作用可是不可忽视的，只要将它溶在水里面，就可以作为血液为病人输血，是危急时刻血液的替代品。它是由塑料分子构成的，一块里面可以包含数百万的塑料分子，包含的这些分子与血红蛋白十分类似，不光是外形，其功能也与血红蛋白十分类似，可以像血红蛋白那样将氧输送到人的全身。人造塑料血具备多种优点，它不需要冷藏保存，不轻易变质，工作效率也高，而且造价还十分低，对于我国医学领域目前状况来说，有必要大力发展与应用这种"塑料血"。

防弹塑料

这种塑料听上去就很高端，它是由墨西哥科学家们研制开发的，是一种经过特殊加工与处理的塑料物质。正如它的名字，它具有超强防弹性，可用来制作防弹服与防弹玻璃，而且由于是塑料制成，所以重量要比传统防弹装备轻很多，效果却要好很多。传统的防弹材料在被子弹击中后就会变形受损，不能再使用了。而防弹塑料不仅可以抵御 22 毫米的子弹，而且被击中后也只是暂时变形，过一会儿就可以恢复原状，继续使用。是不是有"记忆合金"的功能呢？

降噪塑料

这种塑料是用来降低汽车噪声的塑料，是由美国一家公司研制开发的，这种塑料是由可再生的聚丙烯与聚对苯二甲酸乙二醇酯制造而成的。主要应用在汽车的车身与轮舱衬垫，进而产生一个屏障层，用来吸收噪声，从而达到降低噪声的效果。

❖ 防弹塑料制成的防弹服

"舒适"的塑料

塑料给我们的感觉都是不透气，干巴巴的，然而泡沫塑料的产生改变了我们这种传统的认识。

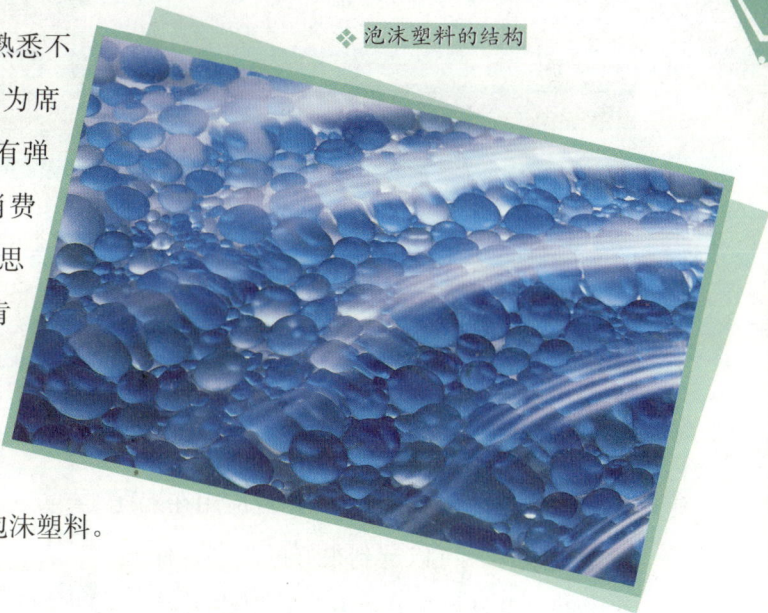

❖ 泡沫塑料的结构

席梦思床是我们再熟悉不过的用具了，因为席梦思床的舒适柔软，具有弹性，所以受到了许多消费者的青睐。为什么席梦思床会那么舒适柔软呢？肯定是因为它那柔软的海绵床垫了，而这种海绵床垫是由一种"舒适"的塑料制成的，那就是泡沫塑料。

泡沫塑料的结构

泡沫塑料与其他的泡沫材料十分相似，都是用发泡的方法使这些塑料产生许多微小、均匀的气孔。发泡的方式大约分为两种，一种是物理方法发泡，一种是用化学发泡剂来发泡。同样，泡沫塑料根据不同的特点也可以分为很多类型。例如：根据泡沫塑料发泡的多少可以分为高发泡体与低发泡体；根据泡沫塑料的硬度与弹性可以分为硬质泡沫塑料、半

❖ 泡沫塑料的原始材料

硬质泡沫塑料与软质泡沫塑料。

在我们常见的泡沫塑料中，聚苯乙烯与酚醛塑料大多用来制成硬质泡沫塑料，聚乙烯则大多用来制作半硬质泡沫塑料。也有"双功能"塑料。例如，聚氨酯与聚氯乙烯这两种常见的泡沫塑料不仅适合做硬质泡沫塑料，还适合做软质泡沫塑料。聚丙烯塑料则既适合做硬质泡沫塑料，也适合做半硬质泡沫塑料。

知识小链接

曾一度让我们恐惧的三聚氰胺其实也不是没有利用价值，例如，有一种泡沫塑料就叫三聚氰胺泡沫塑料。这种塑料最大的特点就是阻燃。三聚氰胺泡沫塑料的主要成分是蜜胺，是一种常见的阻燃材料，所以，也就形成了这种塑料的最大特点。它可以作为很多建筑所需的材料，可以降低火灾的发生率和火灾发生后的损失程度，是一种造福人类的新型材料。

泡沫塑料的性能

再来介绍一下泡沫塑料的优点。泡沫塑料具备绝缘、隔热、隔音等性能，可以缓冲外来的冲击，具有"减震"的作用，根据这个优势性能，泡沫塑料被广泛应用在运输材料的包装箱中，在运输一些精密或者脆弱的仪器时，泡沫塑料可以防止仪器受损。根据其隔音与隔热的特点，泡沫塑料又被广泛应用在工程房屋建设中，可以起到很好的隔音、保温的效果。开孔的泡沫塑料还可以作为过滤材料，制作出清洗用具。根据其柔软的性能，还可以用来做鞋垫、床垫等材料。更神奇的是，低发泡的塑料在特定的场合与环境下可以代替木材，如果这样的话，就可以大大降低地震带来的危害了。总之，泡沫塑料用途很多，涉及领域十分广泛，正等待我们慢慢研究开发。

❖ 用泡沫塑料做的模型

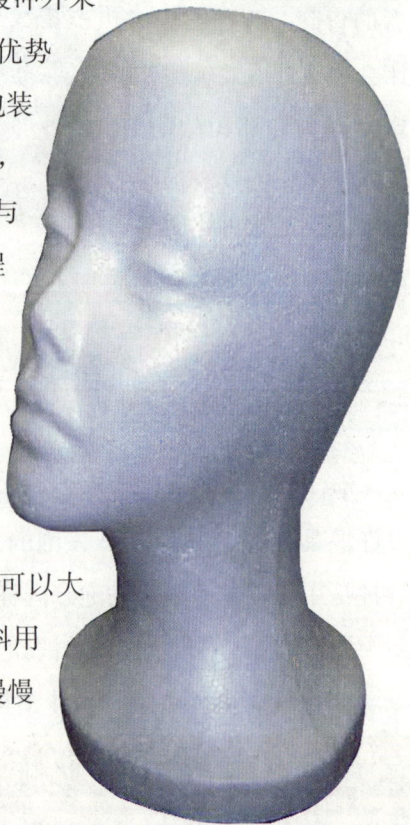

Part2 第二章

环保塑料

塑料污染一直被称为"白色污染",被许多国家高度重视,正是在这种条件下,催生出来可降解的塑料就被称为环保塑料。

2007年,我国正式出台"限塑令",就是在全国范围内,禁止生产与使用不合格的塑料袋,超市、商场等一律不准免费提供塑料袋。其主要目的就是减少塑料袋的生产与使用,防止污染。其实早在20世纪80年代,意大利的一些城市就已经明文规定,停止生产塑料袋,与此同时,德国、瑞士、丹麦、奥地利等都出台了相关政策,可见消除白色污染,保护生态环境在各国都受到了高度重视。

人们为什么如此反对塑料袋呢?因为经过科学家证实,塑料制品长时间包装食物,塑料会释放一种有害气体,随着时间的增长有害气体的浓度也会逐渐升高,这样食物就会受到污染。所以,这种不合格塑料给会人类带来很大的危害。这种危害不单单是对身体的危害,更是对环境的危害。因为塑料在被丢弃之后,需要经过200年才可以分解,这就大大破坏了土壤的结构,对土地资源产生了严重的威胁。总而言之,塑料的使用对大自然也好,人类也好都是有着诸多害处的,所以各国才会出台一系列保护措施减少塑料袋的使用量。要想彻底消灭这种现象,那就只能研究生产可以

◆ 环保塑料制成的牙签

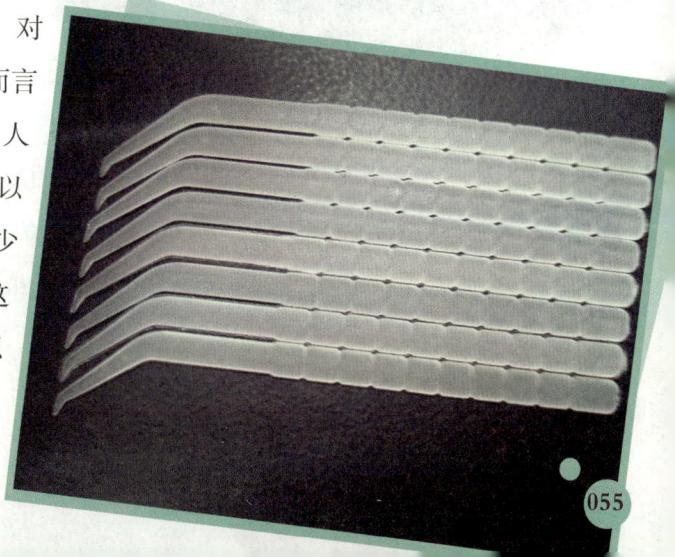

快速分解，并且不会释放有害物质的健康环保塑料了。

经过科学家们的努力，目前科学家已经研制出可降解塑料，这种塑料既保持了塑料的本身强度，又减弱了塑料分子的牢靠性。可降解塑料主要分为以下几个类型：生物降解塑料、光照降解塑料与化学降解塑料。

生物降解塑料是最常见的可降解塑料。它可以快速地被土壤里的微生物与酶分解，就像植物一样，可以自然腐败。主要方法就是在塑料里添加淀粉，这样就可以破坏分子链的结合力，能够让微生物轻易地消化分解，最终成为二氧化碳与水。

对于环保塑料，各国采用了不同的研究方式。

美国曾经研制一种可降解塑料，但是这些塑料也要经过 3～5 年才会分解，虽然相比 200 年已经有了很大的进步，但是还不能满足需求，所以没有被广泛应用。同样是美国，又研制出另外一种可降解塑料，这种塑料在人体内可以 3 个月后消失分解，在土壤里速度将会更快。但是也没有被广泛使用，因为这种塑料的成本是普通塑料的 30 多倍。所以美国科学家还在研究，争取要降低成本。

韩国则不同于美国。韩国主要利用遗传工程来生产这种可降解塑料。采用遗传基因的再组合方式，用大肠杆菌来生产高分子塑料，虽然已经被一些国家应用在医学领域，但是还是得不到广泛的普及，与美国存在着同样的问题，那就是价格过高。

知识小链接

目前有一种可降解环保花盆，采用植物纤维作为主要原料，既轻便，透气性又好，有利于植物的生长。在塑料、泥制、陶瓷等众多材料的花盆中脱颖而出。可降解环保花盆可以吸收紫外线，即使在寒冷的冬天，也会保护植物温暖地过冬。而且当把这种花盆丢弃后，还可以快速分解，不会对土壤结构带来危害。

❖ 环保花盆

两种状态的**液晶**

如今的电视、电脑、手机等电子设备屏幕都会采用液晶显示屏，那液晶到底是什么物质呢？

液晶属于有机光电材料，举个例子，还记得北京奥运会开幕闭幕式、广州亚运会上那些绚丽的灯光，给人们带来的视觉盛宴吗？还有北京、上海这些国际都市的夜景，那些美丽的霓虹灯贯穿了整个都市，也是属于光电技术。就是这种现代的光电技术，把我们的城市装扮得如此绚丽。

液晶材料已经应用于我们日常生活中的很多领域，最常见的就是液晶显示屏，无论是我们家中的电视、电脑，携带的手提笔记本、手机，还是军事与生活中用到的 GPS，这些高科技产品的显示器都采用的是液晶显示屏。

我们来看看液晶的最初来源。液晶其实很早就诞生了，早在 1888 年，由奥地利植物学家莱尼泽发现，为什么是植物学家发现的呢？是因为这里有一个巧合。当初莱尼泽在植物的提炼中发现了一种特殊物质，是螺旋性甲苯酸盐的化合物，莱尼泽为这化合物加热时，发现其有两个不同的熔点，而且在某一温度时它的状态介于液态与固态之间，具有双种状态的性质，因此，它被命名为液态结晶物质，也就是我们现在所说的液晶。其实液晶本身是不具备光电性质的，它既不能发光，也不能

❖ **液晶材料的电视**

产生伏特效应，但前面我们提到了，它是属于有机光电材料，这是为什么呢？这一切都要归功于它自身的特殊性能。

液晶是非常独特的有机光电材料，我们通常熟悉的液晶都是固态液晶，不可能我们在看着看着电视，液晶显示屏突然流了出来。那什么算是晶体呢？通常情况下，判断一种材料是不是晶体，就要看这种材料是不是具有各向异性，简单来说就是看这种材料在各个方向上的力学与物理性能存不存在差异的特性，如果存在，那就是晶体，液体的性质是各向同性，与晶体相反。但是，神奇之处就是，液晶同时具备两种性质，液晶材料的表面就像液体一样，具有非常好的流动性，可其本身的性质却和晶体一样，无论是在光学、电学还是磁学等方面都表现出了各向异性。

知识小链接

现在应用在电视、电脑等电子设备显示器上的液晶称为液晶显示器，英文名字是 LED。与传统的显示器相比，LED 具有很多优势性能，无论是在画面清晰度还是在画面的色彩感上，都比传统显示器要好很多。而且不光在技术层面，在耗电量上 LED 显示器也比传统的显示器要低，也就是说更省电，因此采用 LED 显示器的电器已经越来越受欢迎。

◆ LED 显示器

Part2 第二章

硬度比钻石更高的工程陶瓷

工程陶瓷也被称为氮化硅陶瓷和高强度陶瓷，它是陶瓷家族的一股新生力量，具有很多老陶瓷没有的新性能，是一种新型的不收缩陶瓷。

以硅粉为原料，通过反应烧结和热压这两种工艺方法制成的陶瓷就是氮化硅陶瓷。反应烧结氮化硅的制作分为三个步骤：第一步是把硅粉制作成生坯；第二步是在1200℃的高温环境中让硅粉与氮气初步氧化，成为毛坯；第三步是把经过修制加工的毛坯放在1350℃～1450℃的高温中二次氧化。这样制作出来的氮化硅不会收缩，而且精度很高，只是气孔较多。热压氮化硅的制作分两个步骤：第一步是把硅粉氮化，成为氮化硅粉末；第二步是加入少量的氧化镁，在1700℃～1800℃的高温和300个大气压的环境下热压。这样制作出来的陶瓷几乎没有气孔。

工程陶瓷的优点极多，也就是凭借这些优势才能压倒那些"老前辈"。它们有惊人的强度，室温抗弯强度范围是8000～10,000千克／厘米^2，添加了氧化钇和氧化铝的热压氮化硅

❖ 工程陶瓷

甚至能达到 15,000 千克 / 厘米 Sb^2 呢！它们有强大的硬度，是世界上最坚硬的物质之一，即使在高速摩擦的情况下，也不会被高温所软化或氧化，所以可以用来制作高速切削，例如炮筒、刹车筒这类的硬质钢件。不仅硬度高，它们耐高温的能力也是极强的，它们是不会被熔为液体的，当温度高达 1900℃时它们会直接分解成硅和氮，而且它们的耐冷热激变能力也值得一提，把它们突然加热到几千摄氏度以上的温度，然后再突然扔到冷水里，一般的陶瓷或金属是受不了这样折腾的，会立马断裂，而工程陶瓷却没有任何损伤，所以特别适合制作高温燃气轮机的叶片等。工程陶瓷的性能优良，能做很多其他陶瓷不能做成的事情呢！

知识小链接

有谁手上现在戴的是陶瓷手表呢？这种陶瓷的手表外壳是由氧化锆陶瓷制成的，氧化锆陶瓷因具有相变增韧特性，是已知氧化物陶瓷中强度和韧性还有综合性最佳的材料，所以也被称为"陶瓷钢"。它与不锈钢材料的手表相比，重量是大大减轻了，但是硬度上却是不锈钢材料的10 倍，而且耐锈蚀和耐热性能非常好，不易磨损，永不褪色，也不会损害肌肤。

❖ 工程陶瓷做的手表

工程陶瓷的"耐性"非常强，它耐磨、耐化学腐蚀。几乎所有的无机酸和 30% 以下的烧碱溶液都对它没有办法，还有有机物质、熔融的有色金属等，都对工程陶瓷不起作用。尤其是铝液，它甚至不能润湿氮化硅，所以用氮化硅制作接触铝液结构的部件再好不过了！

这些只是氮化硅本领的一部分，它还有其他的看家本领呢！它是一种优良的电绝缘材料，甚至可以和氧化铝陶瓷相媲美；它有透微波的性能，可以用来制作雷达天线罩；它的抗热震性能在陶瓷界是出类拔萃的，能在 7 马赫的飞行速度下使用，而不产生任何副作用！

工程陶瓷的优良性能很多，就算被人们誉为"陶瓷之王"的氧化铝陶瓷这次也要退让三分，因此，大家也给工程陶瓷"全能冠军"的美誉呢！

Part2 第二章

强大的生态混凝土

身处清幽的郊区时我们感到清爽怡人，身处繁华热闹的城市市区时我们感到酷热难当，这是为什么呢？其实，这是城市"热岛效应"导致的。

当今城市快速发展，城市化进程不断加快，这样就会出现温度比外围郊区高的情况。在大气等温线上，周围郊区温度变化小，就像一个平静的海面，而城区由于是高温区，在等温线图上犹如一座孤立的小岛，因此我们称之为"城市热岛"。

导致城市热岛效应的原因有很多。首先，城市的建筑材料是石头、混凝土和沥青等，这些材料的热传导率极高、热容量极高、保水性差，这些特质使得它们吸热快、蓄热高，所以表面温度很高，进而提高了城市的整体温度。随着热岛效应越来越严重和人们的保护环境意识增强，科学家们就发明了生态混凝土。

生态混凝土主要是通过材料研选，采用特殊的工艺，制造出来的具有特殊结构和表面特性的混凝土。它也是为了保护生态环境而诞生的，

知识小链接

生态环境材料主要是指那些具有良好的使用性能和优良的环境协调性的材料。生态环境材料最早是由日本教授在20世纪90年代初提出的一个新的概念，是一种人类主动考虑材料对生态环境的影响而开发的材料，是充分考虑人类、社会、自然三者相互关系的前提下提出的新概念，它代表了21世纪材料科学的一个新的发展方向。

生态混凝土

生态混凝土拥有两大使者，分别是环境友好型生态混凝土和生物相容型生态混凝土。环境友好型生态混凝土是专门向环境示好的，主要有透水型、净水型混凝土类型，这种混凝土在使用的过程中能通过改善混凝土的性能来降低环境的负荷；生物相容型生态混凝土是专门和生物打交道的，它可以与动植物等生物共存，共同营造和谐的生活环境。除此之外，还有植物相容型生态混凝土、海洋生物相容型生态混凝土等类型。两大使者各有各的优点，各有各的特长。

人类在生态环境材料上面已经进行了十几年的研究，并已取得一些发展，经过科学家们的深入探讨，得出了以下几点结论：第一，材料的环境性能将会成为新世纪新材料的基本性能之一。第二，把资源保护、资源利用、不可再生能源的替代与可再生能源的研究这些问题作为今后材料产业的重要方向。第三，把 LCA 评价方法作为今后产业资源与能源消耗、排放问题的常规评价方式。第四，生态材料及产品的开发与广泛应用将作为发展的重点。这四点表明，生态环境材料在实现社会与经济可持续发展上起到了关键作用，并得到我们的认可。如果将此材料应用到我们的生产生活中，那资源与能源就会得到有效的利用，环境也会获得有效的保护，将会对我们社会的发展与进步起到推动作用。

❖ 未开发的生态混凝土

Part2 第二章

神奇的光纤

光纤是光导纤维的简称，它能使光像电流一样沿着如同玻璃丝的导线传播，让我们见证一下它的神奇。

光导纤维被誉为现代科学的奇迹之一。光导纤维属于一种光通信，其实人类很早就已经应用光通信了，还记得烽火戏诸侯吗？这就是古代的光通信，还有信号灯、旗语等，全部属于光通信的范畴。但是由于大气衰减等自然因素，光通信的发展十分缓慢。

神奇的实验

光导纤维的制造原理来自一个有趣的实验，这个实验是英国物理学家丁达尔为了讲解光的全反射原理做的一个实验。首先让一股水从玻璃容器侧壁流出，然后让一束光沿水平方向从开口的正对面射到水中，一个简单的操作，却出现了神奇的现象：放光的水从小孔中流出来，光线跟着水流一样弯曲，这束光居然被弯曲的水流"俘获"。之所以出现这样的实验结果就是由光的全反射造成的。

光导纤维就是根据这个原理制造而成的。光导纤维的基本原料是石英玻璃，这种玻璃是十分廉价的。科学家们首先将这些石英玻璃拉

❖ 光导纤维

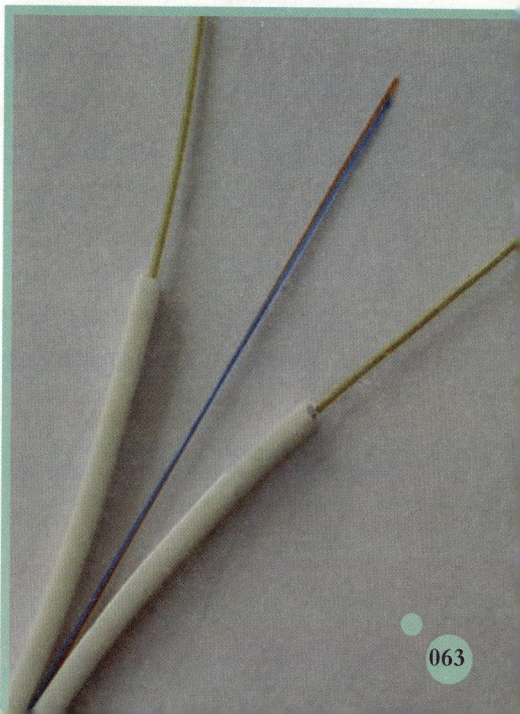

成直径几微米到几十微米的丝，然后在上面包上一层折射率十分小的物质。当入射角满足特定的条件时，光就可以在玻璃纤维中从一端传入另一端，虽然弯弯曲曲，但是不会中途漏射的。

光导纤维的"能力"

光导纤维的这一特性首先被科学家们应用在光通信上。一根光导纤维可以传送一个很小的光点，但是如果将很多的光导纤维排成一束，使每一根光导纤维的两端

相互对应，这样就可以做成光缆。光缆最大的用处就是可以代替电缆，而且可以显示出无比的优越性。举一个例子我们就可以形象地感觉到了。用 1800 根铜线制成的电缆，粗细程度像碗口一样，每天通话次数是几千次，而用 20 根光导纤维组成的光缆，粗细程度像铅笔芯一样，每天通话的次数可以达到 7.6 万次，差距是不是很明显呢。所以，光缆正在取代铜线电缆，广泛地应用于通信领域。

光导纤维自身也具备很多的优点。它不仅重量轻、使用方便、成本低，而且容量十分大，抗干扰性十分强。因此，光缆不仅在通信领域有所应用，在交通、军事、医疗等领域也大显身手。光导纤维可以用在信息处理、遥测遥控、传能传像等。在医学方面，可以利用光导纤维测量心脏中的血压与温度。

如今，光导纤维受到各国的重视，我国也在这一领域取得了一些成就。例如，世界上最长的通信光缆就是我国自行研制的，它就是世界著名的京汉广通信光缆，全长 3047 千米，并于 1993 年正式开通，这就标志着我国已经全面进入光通信时代。

PE 纤维的"超能力"

PE 纤维是一种高强度纤维，其应用的领域十分广泛，在多个领域都可以展示自己的"超能力"。

PE 纤维具有的优势性能可以说很多，下面就来一一介绍。首先说说它的高强度，PE 纤维的强度比同等截面的钢丝要强十多倍。它的断裂功大，因此具有很强的吸收能力，还具有突出的抗击性与抗切割性。它的纤维密度很低，可以浮在水面上。PE 纤维具有抗紫外线功能，同时还具有耐磨性、耐化学腐蚀性等。

由于 PE 纤维具有如此多的性能，因此它在各个领域都有着举足轻重的地位。

国防军事领域

因为 PE 纤维的耐冲击性十分好，所以在国防与军事上有很大的用途，可以用来制作防弹背心、防弹头盔、盾牌等一系列防弹材料，它的防弹能力是钢的 10 倍，是玻璃纤维的 2 倍。再加上它轻柔的优点，现在已成为国际防弹市场上的主要纤维。

航天航空领域

因为 PE 纤维的重量轻，而且抗冲击性能好，所以在航天航空领域也有着自己的一席之地。它适用于飞机的翼尖零件、飞船的部分结构零件，还可以作为飞机着落的降落伞等，可以代替传统钢缆绳索，达到很好的效果。

民用领域

PE纤维可以用来制作绳索与缆绳，这也是它最初的用途，后来才被人们应用到其他领域。该纤维的负重能力十分强悍，是普通钢绳的8倍，是芳纶绳的2倍，被广泛地应用在超级油轮、灯塔、海洋等方面，成为最优秀的固定绳。传统的钢绳还会受到腐蚀、水解等影响，减少使用寿命或者降低负重强度，而用PE纤维制作的固定绳完全不用担心这些，也不需要频繁地进行更换，效果还十分优异。它不仅可以制成大型设备的固定绳，还可以用来制作救捞绳、拖曳绳、钓鱼线等负力绳索。

它的功能是不是很强大？不，这还不够，它的超能力不止这些。它还可以广泛地应用在体育器材上，可以用来制作滑雪板、帆轮板、球拍、自行车等，充分展示了其轻便、结实的性能。在医学领域它也大显身手了一把。PE纤维可以制作成牙托，还可以应用在整形缝合等方面。这一切都在于它有着超强的耐久性与相容性，而且还不会引起过敏。以上领域全是它发挥"超能力"的地方。

知识小链接

有一种纤维用途也十分广泛，它就是竹纤维，是人类发现的第五大天然纤维。它具有的优势性能也十分多，例如良好的透气性、瞬间吸水性、超强的耐磨性与良好的染色性等，不止这些，它同时还具有天然、除菌、抑菌、防臭与抗紫外线功能。在服装领域、医学领域也都有着很高的地位。是纤维王国中又一"巨头"。

PE纤维制成的绳子很耐用

Part2 第二章

作用巨大的**稀土**

要问稀土是什么，它有什么作用，只能告诉你，它是自然资源中的"大熊猫"。

稀土金属有 17 种元素，这 17 种元素由钪 (Sc)、钇 (Y) 与 15 种镧系元素组成，它们合称为稀土金属，分布在地表矿物质中。稀土作为重要的战略资源，被广泛应用在国民经济与国防事业等重要领域。稀土的战略地位随着世界高科技领域竞争加剧而提高，越来越受到各国的高度重视。

我国作为一个资源大国，稀土占有量在世界处于前列，再加上我国对稀土的开采、冶炼分离与应用技术都取得了较大的发展，所以我国已成为世界最大的稀土生产、稀土应用与稀土出口的国家。我国的稀土产量与出口量均占世界稀土产量与出口量的 90% 以上。稀土如此珍贵，那是因为它的作用实在巨大。

为电子设备"增色"

稀土已经广泛地应用在各种电子部件上。例如，稀土是用来制作 LED、LCD 面板、DVD 等高科技产品必不可少的原料。电动汽车的马达、激光光源中的充电电池、超导材料中都有稀土元素。稀土还是荧光粉的主要原材料，所以荧光灯、节

知识小链接

中国与美国是世界两大稀土拥有国，由于美国素来有保护资源的传统，加上科技发达，早已把稀土列为战略资源，禁止开采；而我国因为发展的需要，所以大量开采稀土，出口稀土，导致我国稀土占有量占世界的百分比直线下降。目前我国科技也逐渐发展起来，并且意识到稀土在未来高科技行业中的重要性，所以我国也将稀土列为国家战略储备，禁止大量开采，限制出口数量。

能灯等都会用到稀土。现代节能灯中，稀土原料的比重高达75%，所以稀土对电子设备十分关键。

军事武器的"甲胄"

"爱国者"导弹为什么可以轻松击落"飞毛腿"？美国制作的M1坦克与苏联制作的T-72坦克的差距并不是很大，可是为什么美国研制的M1坦克总是可以更快地开火，而且会打得更准？这都与稀土有着分不开的关系。

大家都知道，导弹要想打得准，一定要具备精确的制导系统，"爱国者"打得准也不例外，它的制导系统是世界一流水平，此制导系统应用了大量的稀土元素。无论是它先进的激光测距机还是夜视仪，都含有稀土元素。

其实不光是导弹的制导系统，任何高科技军事武器的研制都离不开稀土，稀土往往都是它们整个制作过程的关键。例如，坦克的装甲、导弹的控制翼面等防护装置都离不开稀土元素，这些稀土元素会使它们抗干扰性更强，工作稳定性更高。

正因为稀土元素的重要性，各国的科学家都产生浓厚的兴趣，纷纷进行研究，经过多年的不断努力，对稀土一些特殊功能的发现与应用使人类在电子科学、材料科学等多领域都取得了一定的成就。

稀土的出土地

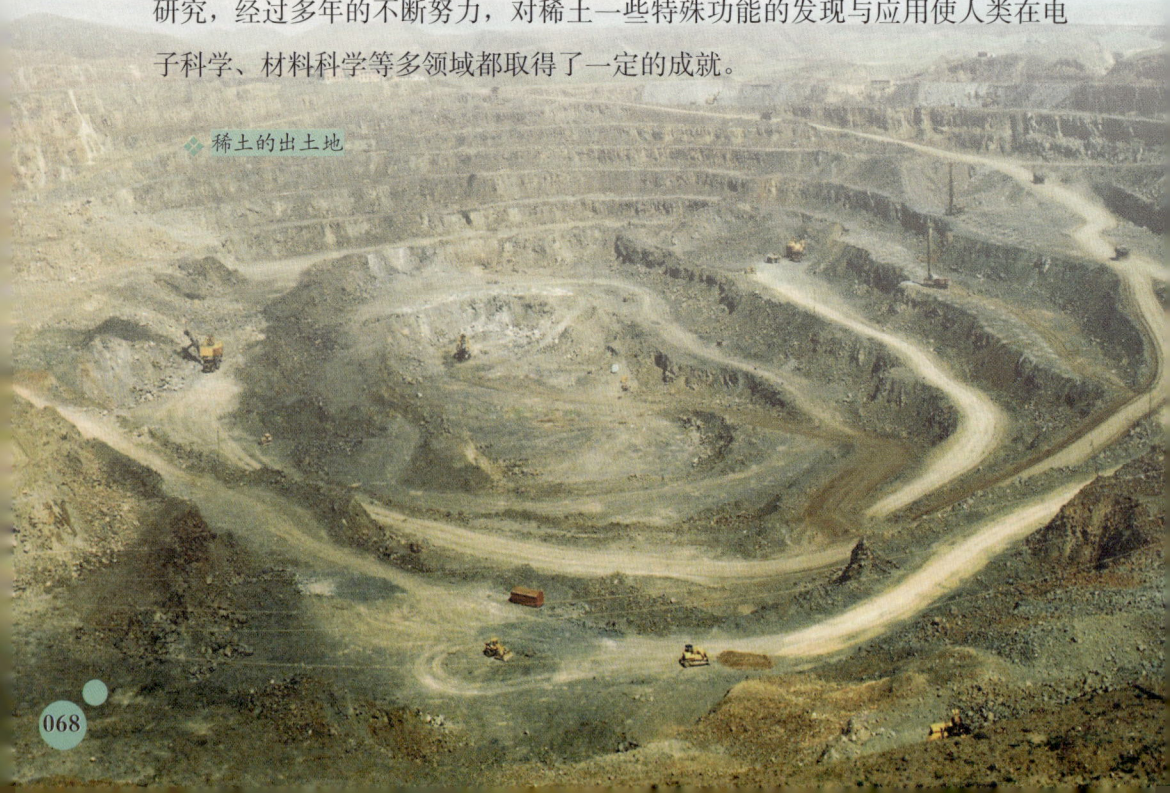

第三章

代人工作的机器人

随着计算机技术与人工技术的飞速发展，机器人的产生适应了时代的发展，并且在功能与技术上不断提高，各种用途的机器人相继产生，推动着人类社会向前进步，带动了相关产业的发展与壮大，把人类的许多梦想都变成了现实。

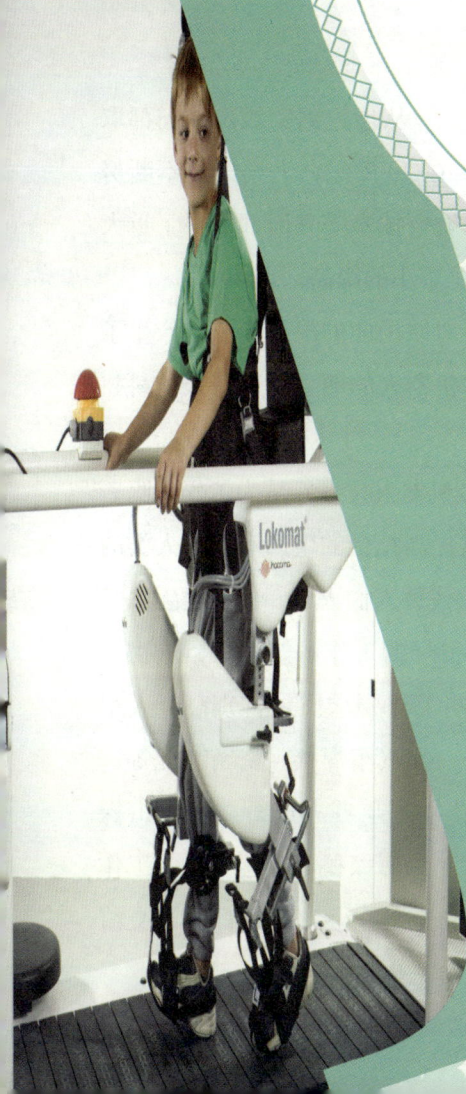

Part3 第三章

20世纪的**机器人**

如果人文明进步的标志是工业革命，那高科技进入巅峰的标志就是机器人的产生了。

机器人诞生的原因

21世纪，科技水平不断提高，回首20世纪，从理论到实践，我们都取得了巨大成就，并且为今后发展奠定了基础。在20世纪，人类经过不断努力，在生物技术、信息技术、海洋技术、航天航空技术等方面都取得了重大突破，为社会的生产力、社会生产水平都带来了不小的提高。

随着人类对计算机与自动化的深入了解，对原子能的深入探究，产生了一项人类史上最伟大的发明，那就是机器人。机器人的诞生代表着人类科技水平进入高水准时代。

❖ **工业机器人**

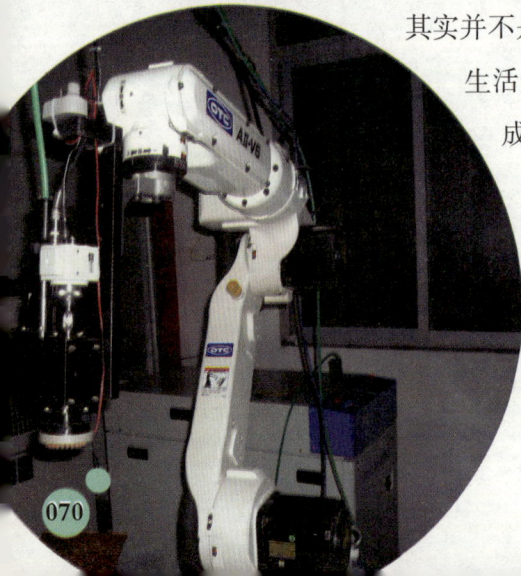

人类为什么要去发展机器人技术？是为了娱乐吗？其实并不是，最终目的是提高社会的生产水平与人类的生活质量，让机器人代替人们去干一些人类无法完成或者做得不是很好的工作。如喷漆、重物搬运等工作；一些工作要求质量特别高，人很难长时间胜任，如汽车焊接、精密装配等；一些工作人没办法亲自去进行，如火山探险、空间探索、深海探秘等；还有一些工作就是枯燥单调的重复作业，这些都可以交给机器人去完成。

机器人的应用

机器人最早应用在工业，工业机器人在经历从诞生到成长再到成熟的发展历程后，最终成为制造业中不可缺少的核心装备。据统计，世界上已经有 75 万台机器人在工业生产中与工人们并肩作战，完成一项项工业生产，大大提高生产效率。但是，随着技术的进步，一批"特种"机器人成长起来，它们针对不同的领域，有着各自的特性，如：医疗机器人可以为人治疗保健；军用机器人可以冲锋在前，排雷排弹，避免人员的伤亡；农业机器人可以耕田播种，清除虫害；工程机器人可以深入地下，开山造路。

很多人对机器人的理解都会受到一些科幻电影或电视剧的影响，认为机器人是无所不能、神通广大的，其实并不是这样，一种机器人只能在相应的领域内大显身手，在其他领域，它也是无能为力的。还有很多人对机器人的性质不理解，认为机器人会对人类产生威胁，这完全是杞人忧天，机器人是人制作出来的，是没有思想的机器，怎么会对人类产生威胁呢？还有人认为，机器人的产生就会使工人"下岗"，把机器人看成了竞争对手，人们研发出机器人的目的并不是完全代替人类进行生产生活，而是要推动相关产业发展，这样就会带动新产业的产生，就会增加就业岗位，增大就业机会，所以，机器人的发展是有诸多好处的。

知识小链接

我国机器人专家从应用的环境出发，把机器人分为两类——工业机器人与特种机器人。工业机器人指的是面向工业领域的多关节机械手或多自由度机器人。特种机器人就是除工业机器人之外的、用于非制造业并服务于人类的先进机器人。目前，国际上的机器人学者也将机器人分为两类——制造环境下的工业机器人与非制造环境下的服务与仿人形机器人，这与我国的分类大体上是一致的。

◆ 工业双臂机器人

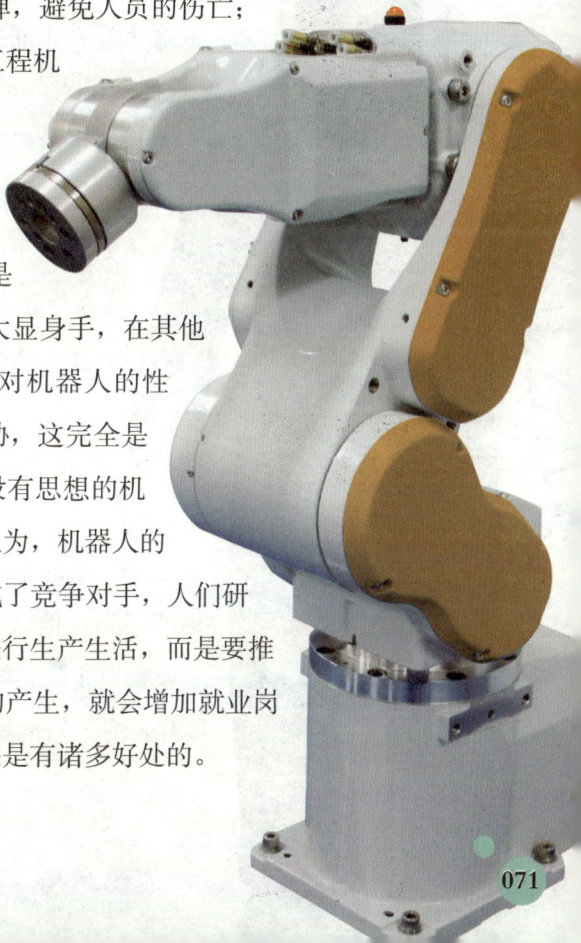

难以定义**机器人**

机器人到底怎样定义，是长得像人的机器都叫机器人吗？关于这个话题，已经引起科学界的争论风波了。

从机器人的问世到目前已经有几十年的时间了，可是要真正问起什么是机器人，恐怕问十个人就会有十种不同的回答。机器人至今没有一个统一的定义，这应该与三个原因有关：最主要的是机器人涉及人的概念了，所以这个问题就会上升到一个哲学问题，很难回答；机器人还在不断地发展与进步，新的功能、新的形态正在不断地涌现出来，机器人涵盖的内容也越来越丰富，这就更加增添了给机器人下一个统一的定义的难度；还有就是机器人一词最早出现在科幻小说里，很多人认为机器人是无所不能的，对其充满幻想，很难与现实中的机器人相联系，所以对机器人的定义也越来越模糊不清了。人们并不是不想去定义机器人，只是由于这几个原因的影响，真的没办法去下一个完整、全面的定义。

其实早在1886年，法国学者利尔亚当在自己的小说《未来夏娃》里面将机器人命名为"安德罗丁"，他认为只有由以下四部分组成的才可以称为"安德罗丁"。第一，生命系统，包括可以步行、发声，具有表情、感觉等。第二，造型解质，就是关节可以自由

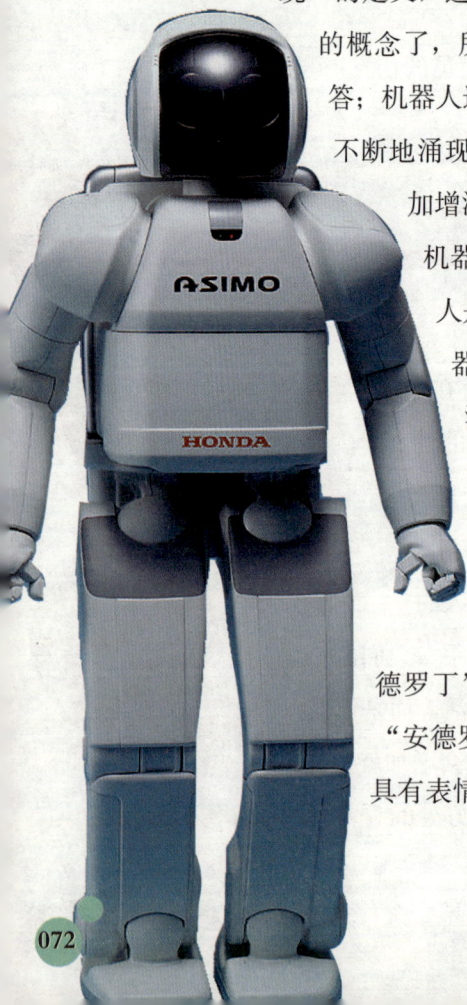

❖ 人形机器人

活动，具有金属覆盖。第三，人造肌肉，就是要有静脉、肉体、性别等身体形态。第四，人造皮肤，就是要有肤色、轮廓、头发、牙齿等。

在 1967 年，日本的两名学者森政弘、合田周平也对机器人下了定义，他们认为具有以下七个特性的可以称为机器人，分别是移动性、智能性、个体性、自动性、半机械半人性、通用性与奴隶性。后来在此基础上，森政弘又添加了三个特性，分别是作业性、信息性与有限性。用特性来把机器人形象地定义出来。此外，日本学者加藤一郎从机器人应具备的条件来定义机器人。一是具有脑、手、脚这三要素的个体；二是具有接触传感器与非接触传感器；三是具有固有觉与平衡觉的传感器。加藤一郎认为，机器人是模仿人的，只有具备这三个条件才可以被定义为机器人。可是动物一般也具有上述条件，因此，我们又可以广义地把机器人理解为仿动物的机器。

总之，很多学者或者组织都对机器人下过不同的定义，例如，1988 年法国学者埃斯皮奥是这样定义机器人的，机器人学是指设计能依据传感器信息的作业系统，以此系统的使用方法作为研究对象。1987 年国际标准化组织专门对工业机器人下了定义，工业机器人是一种具备自动控制的操作和移动功能，能完成任何作业的可编程操作机。

其实机器人的本质就是感知、决策、行动与交互技术的有机结合。人们对机器人的本质理解不断加深，因此，机器人技术也开始源源不断地向我们

❖ 人形机器人

活动的各个领域渗透。各种智能机器人相继产生，如移动机器人、水下机器人、医疗机器人、空用机器人、军用机器人、娱乐机器人等。机器人与一般自动化装备的最大区别就在于对不同任务与特殊环境的适应性。因此，机器人外形像不像人已无所谓，一些机器人从外观上已经脱离了最初仿人形机器人和工业机器人所具备的形状，基本符合各种不同应用领域的特殊要求，其功能和智能程度也大幅度加强，机器人技术的发展具备更加广阔的空间。

可是，在机器人不断发展的过程中，有些事是值得我们人类思考的。1920年，捷克作家卡佩克发表了一本关于机器人的剧本叫《罗萨姆的万能机器人》，该剧本讲了主人公有一个机器人，没有感觉也没有感情，终日为主人服务，后来，主人公罗萨姆向机器人灌输了感情，这时机器人发现人类的自私，然后造反，消灭了人类。

卡佩克之所以写这样的剧本就是要让人们认识到机器人的感知与安全问题，科学使机器人不断进步，这并不是一个很安全的现象，如果人类不注意这些问题，盲目地进行大规模研究与发展，剧本中的情形，在现实生活中也不是没有可能出现。

❖ 人形机器人

自我复制的**机器人**

科幻电影里，可以自我修复的机器人是不是让你大跌眼镜？你对自我复制的机器人又会有何感想？

机器人可以自我复制，进行克隆？对，没错，这将不再是遥不可及的梦想，美国科学家已研制出机器人的原型，可以利用简单的模块复制出与自身一模一样的机器人"副本"，也就是机器人可以自我克隆。

玩具般的模样

美国一所大学已经研制出了可以自我复制的机器人，可是它的外观看起来像一个孩子玩的玩具，并不是像科幻电影里或者我们想象中的机器人那么霸气。此"玩具"式机器人由四块智能模块构成，模块里有一个微型的计算机芯片，每块模块大约10立方厘米，可以自由旋转120度。模块的表面还配有电磁铁，根据磁力的强弱可以拼装或者分开，因此这种机器人可以根据我们的意愿拼成

❖ 复制的机器人

各种各样的形状。遗憾的是，目前它不能走动，也不可以说话。

我们熟悉的自我复制的生物应该就是病毒了。病毒的自我复制也叫作自我增殖。它们进行自我增殖是有条件的，那就是要借助活的宿主的细胞，在细胞内进行增殖。绝大多数的病毒进行自我增殖的过程可以分为六个步骤：吸附、侵入、脱壳、生物合成、组装与释放。它们会对宿主细胞进行破坏，一个病毒细胞从吸附到释放这个过程中，可以复制出 100 至 1000 个病毒。

自我复制的步骤

人们给自我复制的定义是，一部完整的机器可以根据自身的情况，复制出一部和自身一模一样的机器。而且这个复制品还可以继续去复制出另一部与自身一模一样的机器，如此循环下去。定义不复杂，但是复制的过程就比较复杂了。首先，机器人弯下"身子"，把一块模板放在桌子上面，用来复制自己的"头部"。接着，把自己的"身体"侧过来，借用电磁力去吸取新的模块，放到刚才的"头"上，然后翻转这些模块，根据上面的步骤不断地重复进行。最后，一个新的机器人就成功复制出来。因为机器人不可能复制出与自己身高一样的复制品，所以，在机器人进行自我克隆的过程中，还需要进行配合，以便达到最终的全部组装。

❖ 电影中的复制机器人

如此复杂的过程并不是所有的机器人都可以完成的，并不像科幻电影里的一样强大，在我们的现实生活中，无论从技术层面还是软件层面上来讲，都不可能达到科幻电影的水平。到目前为止，完成自我复制的机器人只有两部。

展望太空领域

美国研究自我复制机器人的背后支持者就是美国国家航空航天局。因为此项研究有望应用在太空领域，该局对机器人可以自我修复、自我复制的想法十分有兴趣，并且充满信心。尽管研究的问题不断，机器人自身也有很多的局限，但是大体上还是乐观的。如果此技术应用到太空领域，就可以解决很多的弊端。例如，将一部机器人送到火星上去，假如其间它的一些部件坏了，难道还要把它运回来修理，再送上去吗？有了机器人自我修复、自我复制，

❖ 太空机器人

这些问题就不用再担心，也不会因为一个部件坏掉而扰乱了整个任务的进行。

❖ 电影中的太空机器人

■ Part3 第三章

昆虫型机器人

现代机器人的研究并不刻意去追求人的形状，这就催生了那些活灵活现的"昆虫型机器人"。

昆虫机器人的产生

昆虫机器人就是根据相应昆虫的特性研制出来的，说简单点就是机械动物。在机器人还未问世之前，机械动物就已经产生。例如，诸葛亮制作的木牛流马、法国工程师鲍堪松制作的凫水铁鸭子、计算机先驱巴倍吉制作的鸡与羊玩具等，都是早期的机械动物。如今，昆虫机器人已经在一系列领域中大显身手。随着科学的进步，智能机器出现，人们认为，简单的机器人同样可以完成复杂的任务，于是在1990年，美国麻省理工学院制造出了第一批昆虫机器人，它们是一批蚊子形状的机器人。

昆虫型机器人的制作十分复杂，首先要了解动物的特性与不足，然后再去进行模拟，制作出系统。例如，蚂蚁的视力特别差，但是其有超高的导航能力，在它们发现食物后，就会回去叫同伴们来，此时它们不会因为视力差而迷路，因为所有的印象都在它们的大脑中，利用自

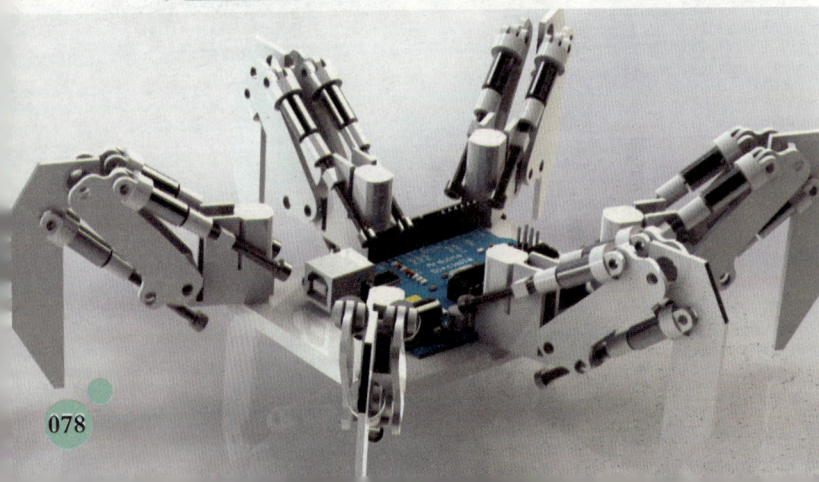

❖ 蜘蛛机器人

己的印象与实际景物去匹配，就可以原路返回。如何把这一功能应用到机器人身上，让机器人在陌生的环境里具有超强探路能力，这就是研制所需要的过程。下面就来介绍几种昆虫型机器人。

多种昆虫机器人

❖ 电影中的蝎子机器人

智利一家动物园制造了一种电子机器鸟，它可以模仿母兀鹰，准时地给小兀鹰喂食。日本与俄罗斯制造了一种电子机器蟹，它可以深入深海进行探测，还可以采集一些岩石样品或者捕捉一些海底生物。美国制造了一种机器金枪鱼，名字叫"查理"，它长 1.32 米，是由 2843 个零件组成的。它可以像真鱼一样游动，速度可达 7.2 千米 / 小时。科学家们可以让它在海底连续工作数个月，可以拍摄生物，也可以测绘出海洋地图，还可以检测水下的污染情况。

❖ 昆虫简易机器人

科学家们通过对机器金枪鱼的深入研究后正在研制金枪鱼潜艇，作为真正的水下游动机器。该潜艇的灵活性要高于任何潜艇，能够到达水下的任何区域，经过人的操纵，还可以潜入敌方港口而不被对方发觉。此潜艇可以用在军事或者海洋科学等领域，发展前景十分广阔。

还有一种应用在太空领域的昆虫机器人，叫作机器蜘蛛。它可是立过功的。美国在一次模拟登陆火星的实验中，无线电设备出现了故障，这时漫游车上的机器蜘蛛替代了无线电设备将信息传回到总部。此机器蜘蛛是美国的一名太空工程师在蜘蛛攀墙时找到的灵感，于是制作出了机器蜘蛛，它有着灵活的双腿，可以越过各种障碍，头部装有天线，就像昆虫的触角一样，可以探测出地形与障碍。它的头部还

知识小链接

有一种昆虫机器人，它只有信用卡的三分之一大小，一小时却可以前进37千米，而且可以像蟋蟀一样跳得很高。最厉害的是可以通过一只"虫王"来控制一大群这样的昆虫机器人，"虫王"会以接力的方式给它的每个"子民"发号施令。此昆虫机器人可以应用在侦察、探路或者搬运物品方面。

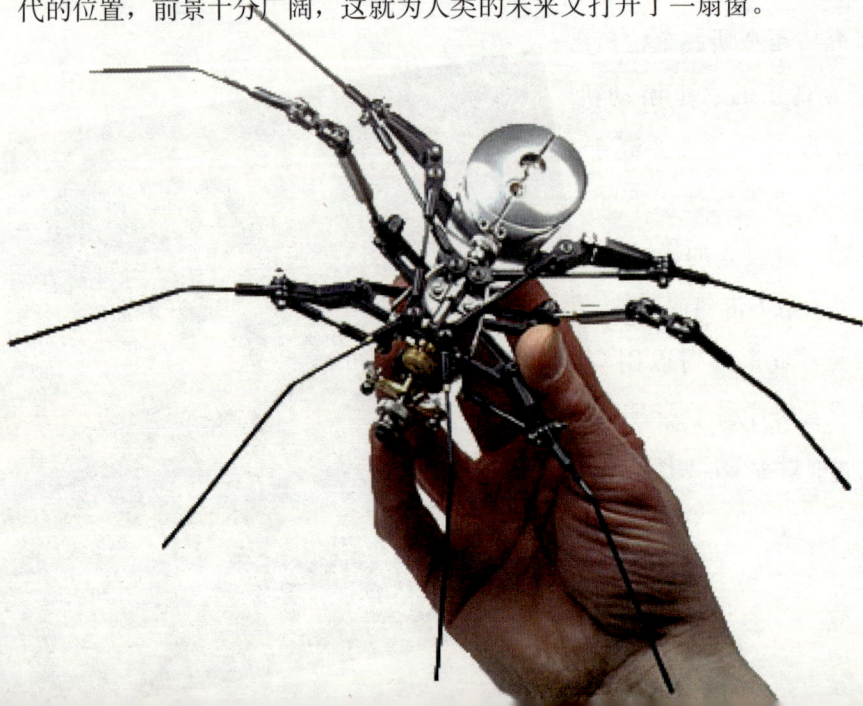

安装了"眼睛"，是微型摄像仪，再加上它弱小的身材，机器蜘蛛十分适合勘探类似于彗星、小行星等小天体，如果能得到广泛应用，到时候太空领域就会有很多"蜘蛛侠"啦！

目前太空工程师们正在研制新一代的太空蜘蛛，它们会变得更小、更灵巧。它们可以在国际空间站上充当小维护员，维护太空的安全，解开更多的太空谜团。

这些昆虫机器人无论是在军事、科研还是太空探索领域都占据了无可替代的位置，前景十分广阔，这就为人类的未来又打开了一扇窗。

Part3 第三章

人类与**机器人**

机器人虽然是人类研制的，但它们会不会像科幻电影中一样，造反人类，统治世界呢？

自从机器人诞生的那一天起，很多人就会担心，它们会不会有一天"造反"，对人类构成威胁呢？这样的担心并不是多余的，因为机器人伤人事件并不是没有发生过。早在 1978 年，日本广岛一家工厂引进了工业机器人，这些机器人主要代替工人切割钢板，这时一个机器人误将一名值班工人当成钢板，切成了肉片。这是世界上第一宗机器人杀人事件，此事件一出，引起了很多人的恐慌，人们的担心也开始上升了。还有一部电影，讲述的是智能机器人解开了人类控制它们的密码，然后对人类的生存构成了很大的威胁。科技越来越发达，机器人也越来越成熟，功能也越来越强大，那到底这些由人类亲手制作的机器人会不会对人类构成威胁呢？人类到底怎么看待与机器人的关系呢？这些话题越来越受到人们的关注。

那机器人到底对人类有没有危害呢？从目前的研究来看，机器人想超越人类可不是那么简单的事，机器人的智能主要由它内部的芯片所决定，人类把知识和指

◆ 人类与机器人

令全部存储到芯片中，机器人通过获取指令，然后驱动自身执行器去完成各种动作与任务。这种功能都是人类事先输入芯片的，所以机器人不能处理未知情况，更无法进行创造性的工作，从这些方面来看，机器人还不如3岁的孩子呢。所以，机器人对人类的危害是有限的，更不可能去造反人类。

威胁人类的机器人

什么样的机器人才会对人类构成威胁呢？那就是有情感、有智慧的机器人，因为它们可能会违背人类的意愿，违抗人类的指令。随着科技的不断进步，科学家正在尝试着制造可以自己解决问题，形成自己的智能的机器人，所以在未来，可能会出现一批机器人，它们集生物、电子与机械于一身，具备自我繁殖、自我修复与创造能力。如果真的是这样，那它们还会屈服于人类吗？还会任由人类差遣吗？就像科幻小说家阿西莫夫所说的，要想使机器人适用于现实社会，就要让它们具有自主的选择，可是它们一旦形成这种选择的权利，就有可能给人类社会带来巨

◆ 机器人

大的威胁。因此，这个问题确实
值得人们深思。

机器人创造原则

阿西莫夫还为此提出了
机器人三原则：第一，机器
人不得伤害人类或坐视人
类受到伤害；第二，机器人不可以违
背人的命令，除非这一命令违背了第一原则；第三，机
器人要保护自己，除非情形违背第一和第二原则。目前，科学家们研制机
器人都在遵循着这三个原则，但是假如机器人拥有了和人类一样的智慧与能
力，那这三种原则将不再起任何作用，到时候就还要制定比这三个原则更高
级的原则来约束机器人了。

同时，我们还需要防患于未然，在制作机器人的过程中，我们的科学家
们也花了不少心思，例如：在机器人软件系统里制定更严格的限制；设计出
可以及时关闭机器人的装置，避免意外的发生。这些只是防患，我们真正需
要做到的就是使机器人可以很好地融入社会里面，成为我们人类的助手。

◆ 电影根据三大定律创造的机器人

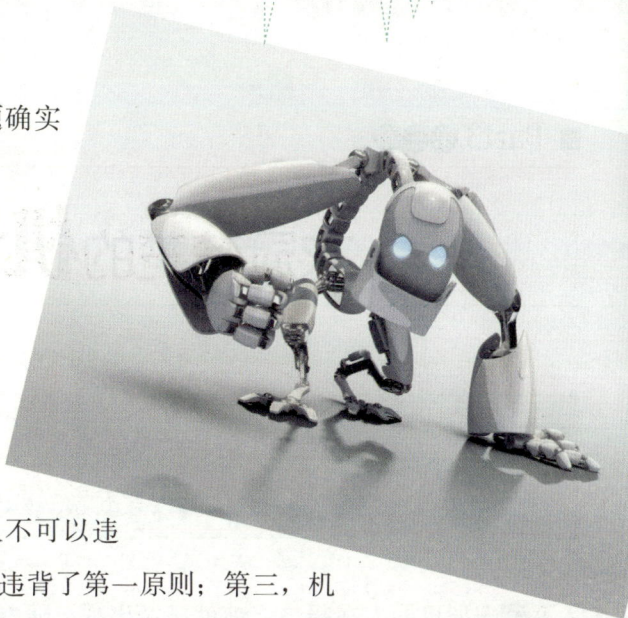

Part3 第三章

衣冠楚楚的**机器人**

当超高仿人形机器人衣冠楚楚地站在你面前，你能分辨出来是真人还是机器吗？

仿人形机器人在很早之前就已经出现，随着科技的进步，人形机器人更加逼真、更加"人性化"。

❖ 衣冠楚楚的机器人

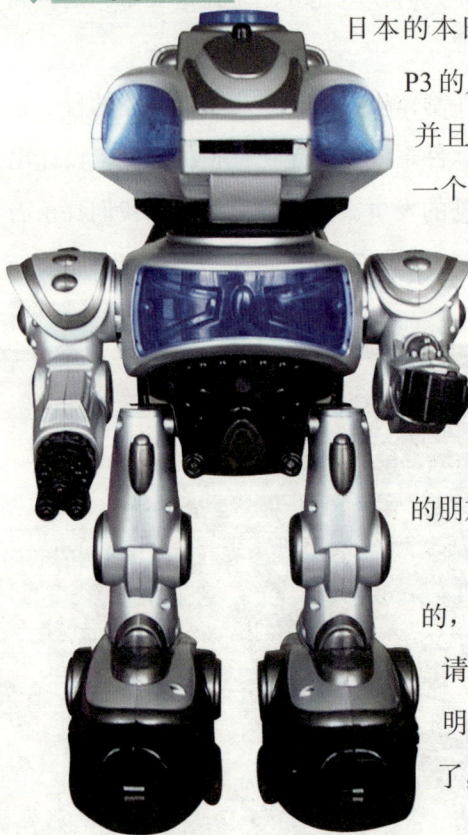

在 1997 年，当时国务院总理李鹏与其夫人参观了日本的本田公司总部，接待总理的是一个名叫 P3 的人形机器人，它像真人一样衣冠楚楚，并且能够直立行走，虽然不是很利落，像一个刚学习走路的孩子，但是步子却是坚实有力。它走到大厅中央，面对李鹏总理，用汉语进行了自我介绍，表达了对总理一行人的欢迎，并且伸出右手与总理亲切握手，更有趣的是，它还摆好了姿势，等着新闻媒体的朋友来拍照。

这还不算完，P3 只是出来打头阵的，当它接待完了，就把它的"二哥"请出来，没错，它的二哥就叫 P2，聪明的你一定会想到，它的大哥就叫 P1 了，它们三个是本田公司先后研制出机器人与人的区别就在于灵活性，它们总是那么笨拙。如今，日本科学家已经研制出超高速机器人手，机器人具备这样的手指，可以在0.01秒到0.1秒内做出十分快速的反应，再也不像原来那样笨拙。如果能成功地把机器人的四肢全部装上这样的设备的话，那它们离人类就又近了一大步。

的仿人形机器人，按照先后顺序分别起名P1、P2、P3。P2上来是表演的，它表演了一系列的高难动作，而且十分成功。当P2表演过后，P3又出来，挥着手与大家告别，并用汉语再一次表示对李鹏总理的热烈欢迎。

机器人虽然叫"人"，但是绝大多数的机器人很难像人一样直立行走，并且拥有丰富的表情，更很难拥有刺激反应与感觉。之前我们介绍的P3就已经算是机器人中的"高仿人"了，比起它的两个哥哥，它在每个方面都很出色。

P3通过自身的重力感应器与脚底的触觉传感器把地面的状况传送到电脑之上，然后就可以对地面上的状况进行判断，平衡身体，稳定地向前行进，它走路的速度是2千米/小时，这与正常人行走的速度有一定差距，但是在它们机器人大家族里来说，这已经算是"健步如飞"了。

本田公司在2002年又推出一款新型智能机器人，叫"阿西莫"。它与P3相比，具有体形小、质量轻、动作紧凑轻柔等特点，更加适合于家庭操作和自然行走。这种机器人如果通过卫星网络来进行控制，那么机器

❖ 衣冠楚楚的机器人

人就是另外一个"你"，能够以你自己的身份去做许多事情。

当然美国也不会示弱，美国麻省理工学院也研制出一个仿人形的机器人，名字叫"科戈"。"科戈"有很多方面已经很成功地模仿了人类，例如，它的头能够像人的头一样进行前后左右转动。"科戈"虽然已经有了头与身子，但是还没有皮肤、手臂与手指，这方面还有待提高。

意大利科学家也成功地研制出了有感觉的皮肤，这种皮肤能够应用到机器人身上，这种人造的皮肤与真人的皮肤没有特别大的区别，由内外两层组成，有着与真正的皮肤一样的弹性，厚度上也与人类的皮肤差不多。当给这种人造皮肤注入导电胶状体后，它就可以像真正的皮肤一样对外界的刺激产生感觉。

各国科学家都在努力研究，让机器人拥有人的形态，对科学家们来说，是十分重要的研究内容。因为只要机器人成为人形机器人，它就能够去人能去的任何地方，不必再去专门为它们设计一些通道，它们也不会再是冷冰冰的机器。也许有一天，人们从外表上将不能分辨出机器人与真人，那时的机器人就会有与人一样的外表，它们也就会像人一样衣冠楚楚、活动自如。

灵活的机器蛇

人们把智能的机器叫作机器人，那像蛇一样的机器人，我们是不是就可以称之为机器蛇呢？

蛇形机器人作为一种新型的仿生机器人，与以往的轮式或两足步行式机器人大有不同，它实现了像蛇一样的"无肢运动"，是新型机器人运动方式的重大突破，因此，被国际机器人业界誉为"最富于现实感的机器人"，在当今的发达国家，都十分重视蛇形机器人的研究与发展。

最早展开蛇形机器人研究的国家是日本，在 1972 年，东京科技大学研制出了世界上第一个蛇形机器人，它的速度能够达到 40 厘米／秒。在此基础上，日本又研制出一种超灵活的蛇形机器人，它们完全能够像蛇一样灵活地移动。传统的机器人动作幅度比较大，蛇形机器人是用人造肌肉制成的，因此其动作非常柔和、灵活。

而美国研究的蛇形机器人代表了当今世界的先进水平，在 2000 年，美国向世界展示了一种应用于太空探险的蛇形机器人，这种机器蛇的外形与眼镜蛇、响尾蛇的外形十分相似。传统的以轮子作为行走工具的机器人，通常会在粗糙的地形上被卡住

❖ 灵活的机器蛇

❖ 机器蛇

或者摔倒，而机器蛇在这样的地面上却可以灵活地行走，不受任何影响。此外，机器蛇还具有探测、侦察等多种功能。

美国科学家在此基础上又研制出了一种可以攀爬管道与穿越废墟之间巨大空隙的蛇形机器人，它们为灾难救援工作带来了技术上的突破。由于当前的搜救器械缺乏灵活性，而且十分笨重，搜救的范围十分有限。然而蛇形机器人主要采用轻质的铝或塑料制作，大约有正常人的手臂那么长，而且配有摄像机与电子传感器，还可以接受救援人员的命令指挥，可以迅速地钻到废墟中，协助搜救人员，更有效地寻找与救出幸存者。

英国科学家们依据达尔文的《进化论》原理，研制出一种蛇形侦察机器人。这种机器人可是十分强大的，在遭到敌方炮火猛烈攻击的情况下，依然可以继续活动。它最初的设计目的是将它应用在军事上，把它从直升机上投下，使它在地上匍匐前行，并利用光学、声频与其他传感器合成敌方活动照片，发回控制中心。

我国在蛇形机器人方面也有一定的发展，在 2001 年，我国第一台蛇形机器人在湖南长沙诞生。这条机器蛇长 1.2 米，直径 0.06 米，体重达到 1.8 千克，它可以自由灵活地扭动身躯或者蜿蜒爬行，拐弯、加速也是样样精通，其最大的前进速度达到 20 米 / 分。机器蛇的头部安装了视频监视器，可以将机

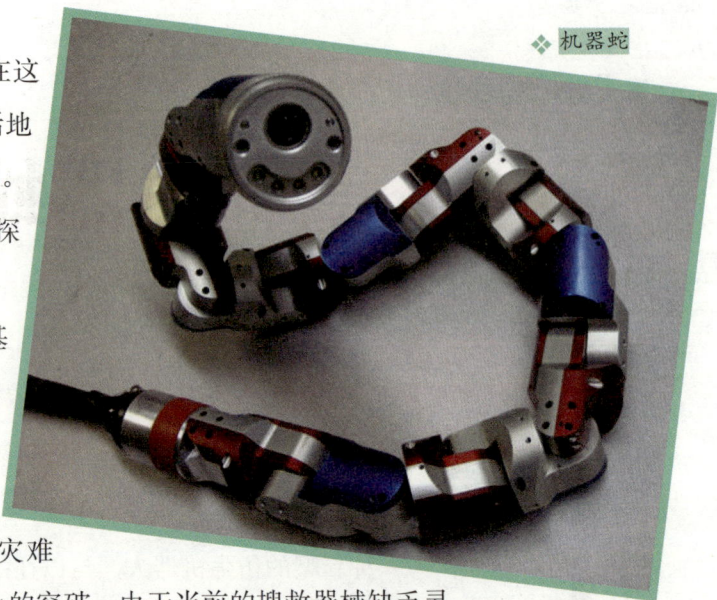

知识小链接

很多人都怕蛇，觉得怎么能研制蛇形机器人呢？其实这并不奇怪，因为还有一种蝎子机器人。这种机器蝎子长约 50 厘米，它能够迅速对困扰它的事物做出反应，因为它的头部装有两个超声波传感器。如果遇到高出它身高 50% 的障碍物，它就会绕开。不仅这样，假如左边的传感器探测到有障碍物，机器蝎子就会自动向右转。

器蛇前方的景象及时传送到后
方的电脑中，根据这些传
送的图像，可以不断
地向机器蛇发出多种
遥控指令。更厉害
的是，这台蛇形
机器人能够像蛇
一样在水里游泳，激
起层层的水花。

机器蛇

机器蛇拥有很多的优点，
如结构合理、性能可靠、控制灵活、可
扩展性强，在很多领域都有着广泛的应用前景，如在辐射、粉尘、有毒环境
下可以执行侦察任务，在地震、塌方或者火灾等灾害后的废墟中寻找伤员，
在狭小和危险环境里面探测和疏通管道。不仅如此，它还能够为人们在实验
室里面研究数学、力学、控制理论与人工智能提供实验平台。

■ Part3 第三章

智能化的**机器人**

有没有想过有一天给你上课的老师不是真人，而是机器人？因为此时的机器人拥有超高的智慧。

拥有超高智慧的机器人被称为智能机器人，也就是一种智能自动机器，它们拥有像人一样的智慧，具备模仿人类的思维控制系统与信息处理系统，是具有大智慧的机器人。它们能够像人类一样，具有感知能力、规划能力、推理能力以及会话能力，能够像人一样更快更好地适应一个陌生的环境，或者适应各种环境的变化，它们同样具有思维能力，能够接受收外界信息并且做出相应的回应表情或动作。

◆ 智能机器人

首个智能机器人的诞生

很多人认为机器人不会具有思维能力，其实不是，具有思维能力的机器人早已产生，"格蕾斯"就是世界上第一个具有思维能力的机器人。它的出现引起了世界轰动。"格蕾斯"在英文中是优雅的意思，正如它的名字一样，"格蕾斯"的举手投足都十分优雅。它会像个绅士一样，对人彬彬有礼，和人谈话时时刻带着

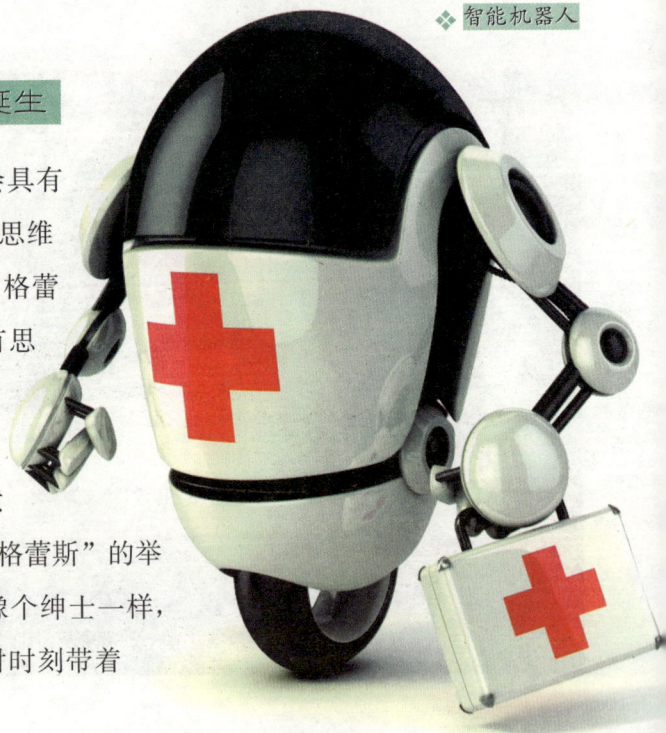

中国在智能机器人方面也有一定的发展，我国第一台智能机器人叫"童童"，它是我国自主研发的智能表情机器人，它可以精确地采集人的发声频率，然后进行分析，迅速地做出回答，并且是具有逻辑性的。例如，你问它有对象吗？它就会低下头羞涩地回答："妈妈说了，现在不准谈恋爱。"是不是很可爱呢？不仅如此，它还会唱歌、跳舞、背诗、做鬼脸等。

微笑，还可以给人让路。其最大的特点就是拥有思维能力，可以与人类互动。它的"身躯"里装备着许许多多的集成电路、智能软件与声呐系统。就是因为这些设备系统，才使"格蕾斯"十分聪明。它可以广泛地收集信息，并且迅速地做出反应，还可以自动识别距离，躲开拥挤的人群。它身体中的摄像系统与语音识别系统还能够帮助分辨人类的语言和手势，与人类进行很好的沟通与交谈。因此它还获得了 2002 年的"人类——机器人互动奖"。

❖ 智能机器人

"格蕾斯"的外形可不像它的名字一样，并不优雅，它的身高 1.83 米，有着一个圆桶身材，它没有手没有脚，单单靠轮子移动，它的脑袋是卡通似的心形，拥有一双又大又圆的蓝眼睛，看起来十分可笑。因为它这搞笑的外表，科学家们决定对它的外形进行加工。

多种机器人的产生

日本在 2002 年宣布，他们研制出一种可以通过声音来捕捉对方的感情变化，然后会表达自己"心情"的机器人。他们给这种新研制出的情感机器人起名叫"小 IF"。它身高为 40 厘米，体重仅有 5 千克，语言表达能力不是很强，与 5 岁的孩子差不多。"小 IF"十分敏感，它可以从对方的声音中感受到对方感情的微妙变化，然后自己做出相应的反应，表达出自己的喜怒哀乐。2003 年"小 IF"被推

向了市场，一些喜爱它的人可以得偿所愿了。

2003 年我国上海举办了亚洲信息电子展，会展期间一个全身银色、拥有一双漂亮大眼睛的智能机器人站在索尼公司的展台前，可谓出尽了风头。它一直用生硬的汉语扭着身子向游客们问好，前来看展出的观众都产生了浓厚的兴趣。它的名字叫"QRIO"，是目前世界上处于先进水平行列的智能机器人，它的身高是 58 厘米，体重大约有 7 千克。QRIO 属于一种高智能的娱乐机器人，身体内部装备着各种感应系统，感情十分丰富，可以与人进行各种各样的交流与沟通。除此之外，它的最大特点是能够完成各种高难度动作，可以说是一个智能的能歌善舞的机器人。

❖ 智能机器人

随着科技的不断进步，智能机器人也在不断问世，智能机器人的研究越来越受到人们的关注。

这是一门融合了信息论、控制论、神经生理学、计算机科学、仿生学、实验心理学等多种学科的科学，它汇集了当今众多学科的最新科研成果，是一门处于世界科技尖端的学问。

❖ 智能机器人

Part3 第三章

机器小宠物

> 想没想过你家的宠物变成了机器，就像电影里一样，再也不用喂它食物，只需要喂它电池。

曾经在纽约的一个摄影棚中，一位广告明星在拍摄广告画面，许多摄影师都在忙前忙后，突然这位明星罢工了，任凭摄影师们怎么请求也不听，你们一定想知道这位"耍大牌"的明星到底是谁，其实它是一只叫"I-Cybie"的机器狗。

我们大部分人都喜爱小宠物，因为它们十分可爱，还给人们带来了许多乐趣，可是同时也给我们带来了许多麻烦事。例如，我们要定期给它们体检打针，还要伺候它们吃喝，打扫它们的排泄物，当它们死去的时候我们还会很伤心。机器宠物的问世，就可以解决我们的上述烦恼了。

机器宠物从研究到现在有一定的时间了，在这期间最著名的要数日本索尼公司研制的机器小狗"爱宝"了。它是日本在 1997 年推出的一款机器狗，曾经轰动一时。因为此机器狗是由人工制造，却和真狗非常相似，制作十分精良。同时"爱宝"具备四个本能，分别是爱、运动、饥饿与寻找。它还具备六种情感状态，分别是喜、怒、哀、怨、惊、怕。而且它会受到情绪的感染，这一点和人类很像。如果你很高兴，就会感染到它，它自然也会"高兴"。它平时是

❖ "爱宝"

美国波士顿动力学工程公司曾经为美军专门研究设计了一款机器狗叫作"BigDog"，它可以在战场上发挥重要作用，例如，为士兵运送弹药、食物和其他物品。它由汽油机驱动的液压系统来带动四肢运动。机器狗依靠感觉来保持身体的平衡，假如有一条腿比预期更早地接触了地面，它就会认为自己可能踩到了岩石或是山坡，然后"BigDog"就会做出一定的调节。

❈ 机器老鼠

不需要喂食的，而是依靠充电来维持自己体内的所需能量。

"爱宝"也像婴儿一样，要经过学习期、成长期与成年期。有所不同的是，它的成长不必花费很多的时间，比正常的婴儿要少很多。在它的学习期，可以通过人的辅导来培育性格与本领；在成长期，它会对周围的世界进行了解，积累经验；在成年期，它可以自主地与主人交流，具备丰富的情感。

"爱宝"的身体里面具有 18 个"电视"，被称作 18 个自由度，这些装备不仅使它具备了走路的本领，还可以让它像真正的小猫小狗一样，自由奔跑、玩滑梯、摔倒再站起来等。它身上的传感器与人类的感觉器官十分相似，因此它可以像我们一样感知周边的环境。它的耳朵就是一对麦克风，是用来听周围的声音与主人的命令。总之，它的智能得到了许多人的喜爱。

机器狗不只给人们带来欢乐，它还可以给盲人带路。从 1977 年开始，日本就在进行导盲机器狗的研制，如今，日本已经成功地推出了第四代导盲犬，并且取名为"梅尔道柯"。这种机器导盲犬身上具备很多传感器，在与盲人走路时就会不断地检测出所走的路线与位置，可以将主人安全带到目的地，而且它不会被障碍物绊倒，因为它身上的传感器就相当于它的眼睛，可以判定前方的障碍物。如果主人中途需要改变方向时，只需要向它发出语音指令就可以。

❖ 机器狗

韩国的一家网络公司也制造出一对老鼠形状的"数字机器人"，它们可以区分黑白、辨别物体、辨别声音。这种机器人也是可以生长的，并且还具有个性，甚至可以和异性进行约会。人们需要在网上下载相关的软件来控制机器人的行为，可以让它唱歌、跳舞，和主人一起玩游戏等。

如今的宠物机器人有很多了。例如，有一种外形非常小的贝壳形状的智能宠物，它可以唱歌，会放屁，还可以说出几千个英文单词。还有一种叫"妈咪蛋宝宝"的智能宠物，它的样子看起来很像中国卡通人物，"妈咪蛋宝宝"会很娇气地讲话，还会吃东西。而且当它吃饱以后，它的小肚子就会胀起来，惊奇的是，它可以产下一个可爱的小宝宝。更令人感到惊奇的是，"妈咪蛋宝宝"还可以给自己的"小宝宝"起名字，并且可以和"小宝宝"聊天、做游戏等。

随着机器人技术不断发展与进步，机器宠物也迎来发展高峰，越来越多的宠物相继诞生，并且逐渐地摆到了柜台之上，不仅带来经济的发展，还受到人们的喜爱。

❖ 机器小熊

"小个头"机器人

机器人在我们看来都是又大又笨重的，其实不是这样，在它们的家族里也是存在着一些"小个头"的。

微型无人机就是属于"小个头"机器人，这种机器人诞生于1990年，它们能够像鸟一样自由飞行，同时具备一定的智商，能够提供10千米远外目标的实时图像。这种微型无人机在军事、生活等领域都有着非常大的价值，可以应用的领域也十分广泛。

知识小链接

中国也自行研制出一种微型机器人，并且有一个很霸气的外号，叫"水上漂"。此机器人是根据水黾能够在水上走来走去的灵感研制的。这种机器人由10条支撑腿与两条螺旋状驱动腿组成，动力是由微型马达提供，可以在水上任意行走、转弯，还可以站在水上，它的重量大约有100克，在军事侦察与水污染监测等领域都具有非常广阔的应用前景。

既然称作微型无人机，那它的体形肯定微小。没错，这种无人机只有燕子那么大，算上翼展也不过15厘米，它属于微机电系统技术的集成产物，无论是原理、设计还是制造都不同于传统的飞机。别看它个头小，要想研制出它可比研制飞机还要困难，需要面临很多技术、工程等方面的问题。

微型无人机研发过程中面临的最大问题就是发动机系统与空气动力学问题，其中最关键的就是发动机，因为发动机必须要在极小的体积里产生很多的能量，从而转化为推力，但是又不能使重量增加，这真是一个很高的要求啊。还有就是空气动力学问题，这种微小的无人机无论是尺寸大小还是飞行速度都与小鸟或者昆虫相似，因此，它要面对的是小鸟的生活环境，而我们人类又对这个环境的空气动力学不是很了解，出现的很多问题都无法去解决。

还有一个难点存在，那就是怎么去控制这种微型无人机。首先，需要一个飞行控制系统来稳定无人机，这样做的目的是在它遇到突然的大风时可以依旧保持航线。还需要采用质量轻、功率低的定位系统接收机，或者运用地理信息系统的地形图导航。全球定位系统能够大大提升微型机的能力，但是它在功率、尺寸、重量以及处理能力等方面存在着不少问题。而且，系统不能受到电磁波或者无线电频率的干扰，要让通信电子元件的质量、效率、功率等都达到最高。

◆ 微型无人机

当微型无人机飞到空中时，这时就需要保持它与地面之间的通信联系。因为受到体积和重量的限制，目前只可以采用微波通信方式。虽然这种微波能够传输大量的数据，实现电视实况转播，但是它不可以穿透墙壁，所以只能在视距内使用它。微型无人机的大小尺寸限制了无线电的频率以及通信距离。当微型无人机飞出视距或者视线被挡住时，就需要在空中建立一个通信中继站，这个中继站可以是飞机或者卫星。

如果想把微型无人机应用在战场上，就还需要给它装备各种侦察传感器，如电视摄像机、音响、红外以及生化探测仪器等。这些传感器对重量都是有要求的，都必须是很轻的微型传感器，所以部件小型化是传感器技术日后发展的关键。

◆ 微型无人机

美国在很早之前就已经重点开发微型无人机技术，主要开发出了固定翼、旋翼及扑翼式三种，并且研发出了各种微型无人机平台。

美国有一种名叫"微星"的微型无人机，是由美国桑德斯公司研发而成的。在研制过程中，桑德斯公司首先制订出一个"放大微星"的研发计划，使不同翼展的"放大微星"作为试验平台，在经过不断试验后，只有在"放大微星"上发展与成熟的系统才可以应用到"微星"上来。这样就可以保证研发的过程中少走弯路。

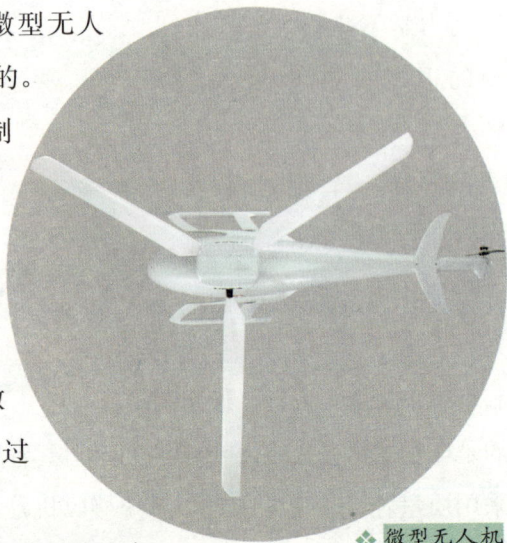

❖ 微型无人机

"微星"的机身重 7 克，加上处理以及存储电子组件、照相机透镜、锂电池与处理器总共约 100 克。"微星"总电功耗为 15 瓦。"微星"还应用了纳米技术、微型航空电子技术、微型传感器技术和动力推进技术等多项新技术。更令人惊奇的是，它把全球定位系统接收机、陀螺、三轴加速度计以及相应的电子线路都集成在一个小小的硅片上，全部由它控制。

"微星"具备的性能很多，如无噪声、隐形效果好、无雷达反射截面等。它还具备高机动性能，能够在楼宇间或者建筑物内飞行。它装备着昼夜飞行使用的成像传感器，可以在楼群当中进行拍摄或者进行观察。如今的"微星"已进入实用阶段，在反恐作战或者常规武器施展不开的市区作战中都可以起到十分关键的作用。

Part3 第三章

"袖珍"机器人

如果你认为微型机器人已经够小了，那是你还不知道有这么一种"袖珍"机器人。

科学家们把生物技术与纳米技术结合起来，研制出来了一种身上有肌肉，高度却不超过1毫米的超微型机器人，也就是"袖珍"机器人。

2005年，美国科学家向世人宣布了他们的研究成果，他们将"活的"细胞与纳米技术结合起来，使超微机器人变成了"骨肉之躯"，再通过给细胞发出移动信号，它们就会像真的骨骼与肌肉那样做出一些动作。其中，"骨骼"是一种塑料，同时也是一种半导体，然后借助这些"骨骼"，给机器人的整个结构组织安上铰链，这样它们就可以自由移动、弯曲。而"细胞"主要起的作用就是接收信号，然后它们就会做出与真的肌肉一样的反应或动作。科学家们在实验过程中需要的细胞是从心脏提取的细胞，但是必须要保证它们是"活的"，具有生长与繁殖的能力，并且能够自我结合。这样的细胞装置是世界科技领域的高端，可以应用在很多微型机器中，可以驱动微型的发动机，为电脑的芯片提供能量，具有深远的意义。

❖ 电影中的超微机器人

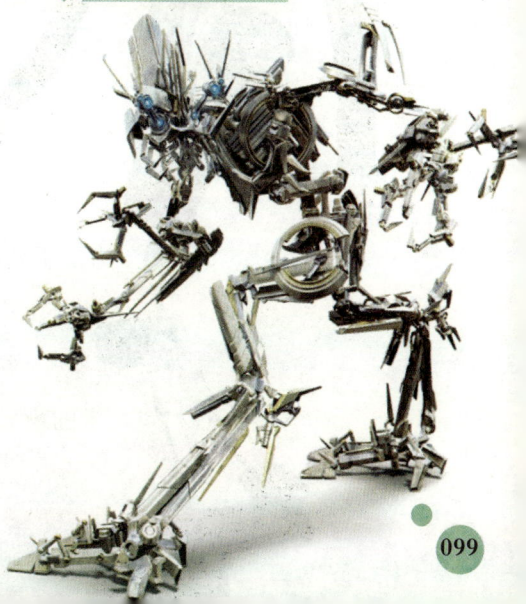

超微机器人的研究时间长，从1980年开始，各国科学家就已经在这方面取得了一些小成就。1988年，美国两名华裔研究生成功研制出一只只有76毫米的

微型发动机；1991 年，日本的一次研究，引起了世界原子界的轰动，他们用"超微针尖"把硅原子排列成了金字塔的形状，之所以引起轰动是因为这是人类历史上首次用手工将原子进行排列；1996 年，美国的哈佛大学成功地研制出了一种直径只有 7 微米的微型涡轮机，这样说不是很直观，举个例子，一张小小的邮票上面，就可以放置几千个这样的涡轮机，每个涡轮机只有在超高倍的显微镜下面才可以看清它的整个外形与结构。

超微机器人的问世

◆ 超微机器人

超微机器人真正问世，还是以它真正推出自己的行动标准开始。2004 年，在美国洛杉矶的一家实验室里，一个硅片微型机器人利用细胞肌肉组织的脉搏动力，实现了爬行的突破，成为世界上第一个利用肌肉组织作为驱动的机器人。这个超微机器人宽度只有人类一根头发丝的一半，大约为 50 微米宽。形状像一个拱形的机器人，内部安装了一束心脏组织纤维。心脏组织的收缩和松弛，就会促使这个超微机器人弯曲与伸展，也就是这样，它可以完成向前爬行的动作。

在试验过程中，这个超微机器人被放在一个可控制横梁上面。然后将横梁移走，这个机器人就可以向前爬行，速度大约为 40 微米 / 秒。该超微型机器人的几何构架确保它能够在一个方向上前进，而不仅仅在一个点上收紧与放松。美国航天局利用这些肌肉力量驱动的超微型机器人在太空中帮助维护太空船，弥补太空船体上因为陨石撞击而产生的一些小漏洞。

科学家是这么预想的，将一个个直径仅有 30 微米的齿轮装配成超微机器人，植入人体血管里。这些机器人就会像潜水艇一样在血液里自由地游动着。当它们遇到血管中淤积或漂浮的胆固醇或者脂肪，它们就会毫不留情地扑上去，立即将其撕烂嚼碎；当遇到凶恶的病毒时，它们也会毫不畏惧，挺身而出。病毒通常是很狡猾的，它们眼看对方来势凶猛，就会装出一副十分可怜的样子，好像已经投降

❖ 超微机器人

或者直接躺下一动不动，似乎已经成为一具僵尸。十分大度的机器人大踏步地从这些已经没有还手之力的敌人身边走过。但是，等到机器人从它们身边走过之后，病毒一跃而起，开始从背后恶狠狠地攻击机器人，机器人就会不断倒下。但是这些机器人都有自我调整的功能，只要它们没牺牲，它们就会重新调整，再也不会相信病毒的伪装，看见一个就消灭一个，于是机器人就会同病毒进行激烈的厮杀，最后，病毒被不断歼灭。病毒的碎块也不断地渗透出血管，流入肾脏，并且最终被人排出体外。这样动脉畅通无阻，人体就会更加健康。这并不是真实的场景，只是科学家想象出来的，也许不久的将来，这些幻想会变为现实。

知识小链接

英国科学家也研制出一种超微机器人，这种机器人的"手脚"都是由DNA细丝构成的，并且具备独立行走的能力。将此机器人的一条"腿"固定到DNA上后，它的另一条"腿"就会自动与后者分离，就这样周而复始地重复动作，便可推动机器人向前行走。但是这种分子机器人还存在着一个缺陷，那就是它的"腿"在行进时有可能会失控，这样就会阻碍其行进得更远。

Part3 第三章

身体里的**纳米机器人**

我们有时很奢望拥有一个属于自己的机器人，那有没有想过，也许有一天，我们的身体里会存在机器人呢？

纳米技术

所谓纳米技术，指的就是在纳米尺度微小空间内展开加工与制作的技术。仿生技术指的是仿照生物的特性来制作出灵巧的机器。智能机器人就是属于仿生技术的一种应用，也是当前科学家最热衷的一种技术。如果将纳米技术与仿生技术相结合起来，那就可以制作出一些由数千个原子构成的机器，它们可以在犹如细胞一样的微小空间中开展工作。

这两种技术如果结合，那不久的将来，只有分子大小的纳米机器人就会进入我们的日常生活中。它们的作用就是为我们制作出各种各样的物品或者复制出更多的机器人。

虽然从表面上看，这个想法有点不可思议，但经过全世界科学家的共同努力，在不久的将来就会实现。到那时候，此项技术在应用的初期就可以治病、延缓衰老，或者清理有毒的废物，甚至能造汽车、造楼房。

早在1959年，著名物理学家费恩曼在一次演讲中就提到，在未来，人们有可能会建造出一种分子一般的机器人，以

◈ 纳米技术

其作为建筑构件，在十分小的空间内制造出任何东西。一旦成功，这将会使生产的程序变得十分简单，只需要将大量的分子进行重新组合，就能够得到许多有用的物体。

实际上，我们身体的每一个细胞都是纳米技术应用的实例。细胞不仅可以把燃料转化为能量，还可以按照储存在 DNA 里的信息来建造和激活蛋白质与酶。例如，我们用酶细胞就可以生产出医用激素。其实纳米设想还有很多，例如：利用纳米机器把氧化物分子重新分为原来的组成部分；将获取的碳原子逐一组织起来，使之成为精美的金刚石；在人体血液中植入纳米巡航工具，它可以自动寻找沉积于静脉血管壁里的胆固醇，然后把它们一一分解；纳米机器可以把草地上剪下来的草变成面包等。这些听上去好像遥不可及，但从完全意义上讲，世界上任何一个现实存在的物体，不管是电脑或者奶酪都是由分子组成的，因此，在理论上，纳米机器是能够构建所有物体的。

纳米技术的应用

纳米机械专家表明，实现纳米技术应用并不是不可行的。纳米机械专家已经可以将独立的原子安排成自然界从未存在的结构。此外，纳米机械专家还研制出了只有几个分子构成的微小齿轮和发动机。

纳米技术专家希望在 25 年内能够创造出真实的、可以

❖ 纳米机器人

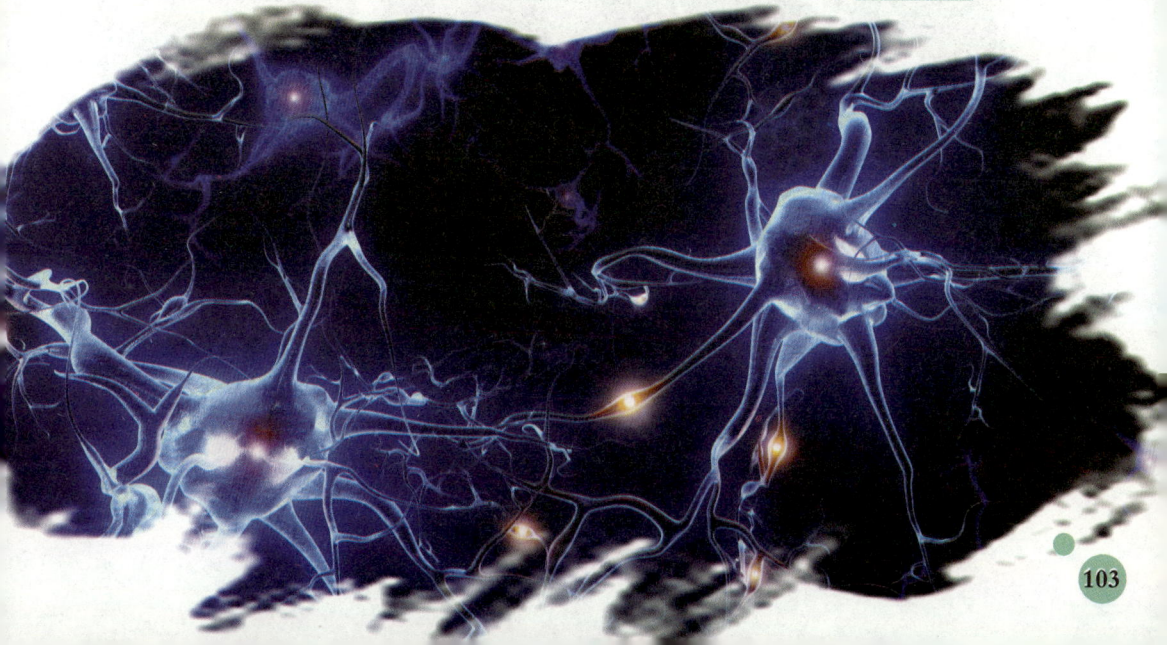

❖ 在身体里的纳米机器人

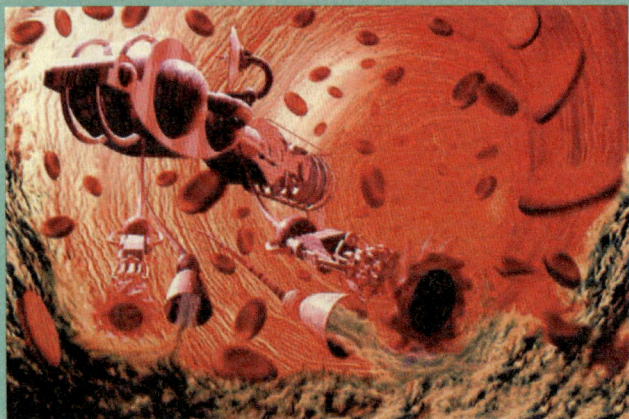

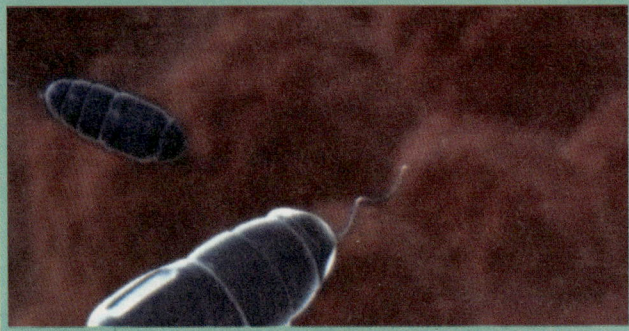

工作的纳米机器。纳米机器具有微小的"手指"，能够精巧地处理各种分子，由微小的"电脑"来控制"手指"如何操作。"手指"可以由碳纳米管制造，它的细度可能是头发丝的五万分之一，但是强度却是钢的100倍。"电脑"也可以由碳纳米管制造，这些碳纳米管既可以做晶体管又可以做连接它们的导线，也可以由DNA制造，用适当的软件与足够的灵巧性进行武装的纳米机器人能够构建出任何物质。

纳米机器人在执行任务的时候，都必须动用大量的纳米机器。血液中可能存在百万之多的纳米机器人；在任何一个有毒废物地点也可能需要数百万之多的纳米机器人，要制造一辆汽车就会需要调动数以一百亿亿计的纳米机器人一起工作。然而没有一个生产线能够生产如此巨大数量的纳米机器人。但是纳米机器能做到这点，它们可以执行主要任务以及制造出它们本身完美的复制体。如果第一个纳米机器人可以制造出两个复制体，这两个复制体又分别制造出两个自己的复制体，很快就能够获得万亿个纳米机器人。

但是如此下去，难道没有停止吗？这样很容易发生危险，但是科学家们相信能控制灾难的发生。其中一个方法就是设计出一种软件程序可以让纳米机器人在复制数代后自我摧毁。另一种办法就是设计出一种只可以在特定条件下复制的机器人，例如，只有在有毒化学物质以高浓度出现时机器人才可以复制，或者在一个很窄的温度与湿度的范围内进行复制。

美国已经成功设计出了世界上第一个双足分子的机器人，并且让它在一个实验室盘子上进行了一次"散步"。这种机器人的腿只有 10 纳米长，是世界上第一个可以用双足行走的纳米尺度的装置。之所以能够行走，因为它是由 DNA 片段做成的。DNA 片段是两条通过配对碱基连接的核苷酸链。该机器人前进的路径是一条单独的核苷酸链，其工作原理和拉链的工作原理很类似。

该机器人的外形看起来特别像一个两脚圆规。科学家在机器人的两只脚底以及其行进的路径上都安装了小的吸盘，这样机器人就可以与其前进的路径相连。

不管怎样，总有一天，纳米机器人会与我们亲密接触的。

知识小链接

有一种雨伞就是纳米材料制作的，叫纳米雨伞，其最大的特点就是如果沾上雨水，只要轻轻一甩，便可立即甩去水分，也就是"速干"。拥有这个特性，你就不必再担心雨水弄湿地板或者弄湿身体了。不仅是不沾水，连泥浆也不沾，水汽也无法穿透它。它可以始终保持干燥。目前纳米雨衣、纳米雨伞已经全面应用到我们的生活中。

❖ 纳米材料制成的纳米雨伞

Part3 第三章

机器"保姆"

当有一天在你家里给你家做家务的是一个机器人，这是多美好的一件事情。

在一些科幻电影中，我们经常可以看到的场景就是有各式各样的机器人给我们做饭、收拾屋子，甚至给我们当保安。它们完全融入我们的生活中。我们大多数人觉得这只是科幻电影而已，其实，在不久的将来，真的有可能会变成这个样子，因为家政机器人已经诞生。

如今，机器人家族并不是只能在军事、科技等重大领域有用途，它们已经慢慢贴近我们的生活，有一批机器人走入我们家里，它们就是家政机器人，也就是机器保姆。哈尔滨大学研制出了首款家政机器人。

❖ 吸尘器机器人

这种机器人又叫作"吸尘器机器人"，大约有 30 厘米高，重量达 15 千克左右。它全身装有超声波、各种传感器以及保护装置，这些设备是保证机器人在房间内测定距离与识别障碍物的，使它在移动中不会碰撞到家具与人。机器人底部装有轮子，是进行自由移动的。它的智能相当于七八岁的孩子，可以看护院

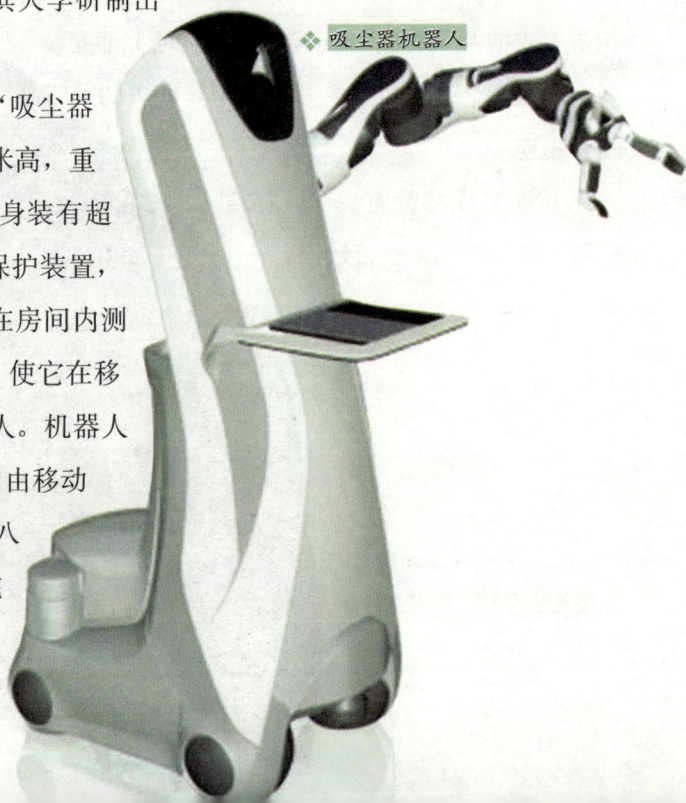

子，做家务，主要是做清洁。这种机器人并不是凭空研制出来的，它是在真空吸尘器的基础之上加入智能技术，最后使之变成能清洁的智能机器人。

❖ 家政机器人

家政机器人的使用原理与过程和普通的家电十分类似，都是依靠电力来工作的，但是它毕竟属于高科技产品，所以在某些方面还是要优于普通家电。例如，这种家政机器人可以自行充电，也就是说在它工作的时候突然电量不足了，它是不用人们帮忙充电的，它可以自己走到家中的充电站进行充电，整个过程不需要人的干预。因此，在使用的时候它比其他家电更方便、快捷，毕竟它是智能机器人。

❖ 机器保姆

它的另一个智能之处就是我们可以给它设定随机打扫的程序，也就是说，机器人通过视觉系统，可以知道哪些地方是需要打扫的，然后去打扫。还可以设定机器人的工作时间，例如，在你出去的时候设定机器人在这个时间开始打扫屋子，当你回来的时候，屋子就会被打扫得干干净净。

在家政机器人进行清扫的时候，可以自觉地避开障碍物，通过传感器来对污渍进行判断，把自己觉得脏的地方进行打扫，不仅如此，它还可以清洁沙发、茶几等家具下部，这些"死角"就可以交给它们了。它可以对自己要清洁的时间进行预算，一次可以清洁多个房间，在清洁房间时，首先会对房间地面进行一次检

测，对特别脏的地方实行重点清洁。

以上都是它的基本功能，它的最大特点是能够通过对声音的识别，进行图像分析与监视，帮助我们看家。当家中起火或者出现漏水等意外时，家政机器人就会利用自己身上的通信设备与外面的主人进行联系，及时向主人报告家里的情况。

现在的科学家依然不满足这样的情况，他们正在研制一种可以辨别主人声音，并用问候语或者提示语和主人进行沟通的机器人。他们最终设想的目标是机器人除了要打扫屋子以外，还要可以照顾孩子学习、协助老人家更衣洗澡，甚至要提醒主人开会或者约会的时间，可以说是要研制出家政机器人的升级版与进化版。

以现在的科技进步速度与推广普及速度，相信在不久的将来，这种家政机器人就会走进我们的日常生活。

知识小链接

有一种可以照顾老人或者残疾人的机器人，叫作康复机器人。它们的功能主要由三种滑动托盘来实现，分别是吃饭与喝水托盘、清洗托盘以及化妆托盘，并且可以依据主人的需要增加或者去掉一些托盘。它的另一个功能就是具备通话能力，使用者可以对其进行简单的命令，它们会自动识别这些语言，然后做出相应的动作。这种机器人在许多发达国家中已被很多人使用。

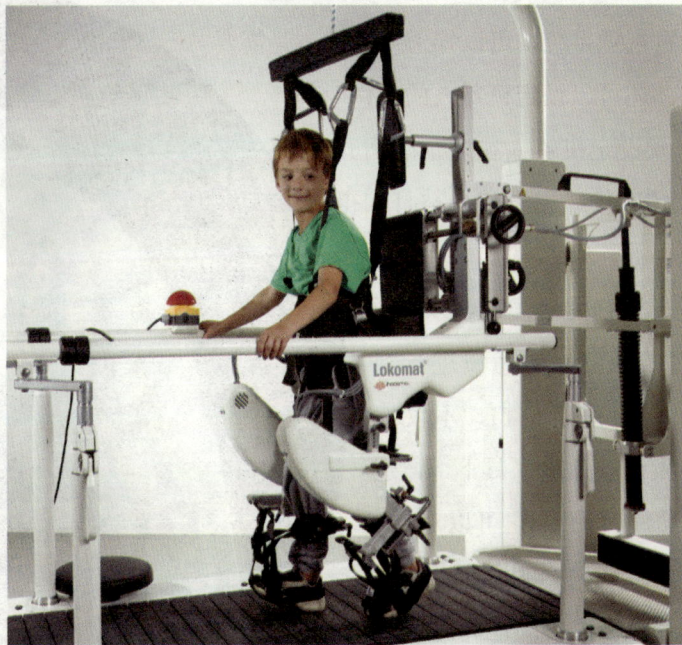

❖ 康复机器人

108

清洁机器人

当我们望着城市中的高楼大厦，心里一定会想，这要由谁去擦呢？不用担心，一种清洁机器人已经诞生。

城市化在不断推进，越来越多的高楼大厦拔地而起，而且为了获得更好的采光效果，也为了更加美观，现在的高楼大厦大多采用玻璃幕墙，看上去是美观了，可是带来了一些问题，最主要的就是人工去清洗很不方便。就在这时，清洁机器人诞生了。

长久以来，高楼大厦的外窗全是由人工来完成，清洁师傅的腰间系一条绳子，在高楼之间悠荡，这不仅容易发生危险，而且效率也不是很高。随着科技的迅猛发展，这种擦外窗的方式也得到了改善，利用现代科技手段来实施清洁的方式有两种：一种是依靠升降平台搭载清洁工人进行清洗，另一种是用安装在楼顶的轨道以及索吊系统使擦窗机对准窗户自动进行擦洗。看上去第二种十分便捷，但是第二种方式需要建设的时候就把这种系统安装进去，而且不是所有的建筑都适合，阶梯状的造型就不可以采取此装置。对于我国来说，国内经济发展迅速，高楼大厦如雨后春笋般崛起，但是建筑设计配套都不是很完善，所以一直都采取最简便的清洗方式，就是工人清洗。针对这种现状，我国开发出

知识小链接

说到与水打交道的机器人，最厉害的就要说海洋机器人了。世界上第一个海洋机器人"Poodle"诞生于1953年。随着海上石油的兴起，海洋机器人也进入了发展阶段，我国在这方面已取得一些成就。早在1977年，我国自主研制的"CR－01"海洋机器人从6000米深的海域成功浮出水面，此次试验成功标志着我国自制水下机器人的研制水平已经跨入世界领先行列。

一台玻璃顶棚清洁机器人，解决了许多问题与不便。

❖ 清洁机器人

清洁机器人的结构

该清洁机器人由机器人的本体与地面支援的机器小车两部分组成。其本体是整个清洗过程的主体，重达25千克，别看这么重，它可以根据实际情况自如地行走和清洗，十分灵活，而且具有超高的稳定性与可靠性。它的第二部分是一个地面支援的小车，这属于它的配套装备，主要负责给高处工作的主体机供电供气以及供水与回收污水，与主体机器是通过管道的连接，实施以上功能的，可以说是主体机的"能源站"。

这种为高楼大厦进行清洗的机器人是以爬壁机器人为基础研发出来的，它可以说是爬壁机器人的用途之一。爬壁机器人主要有负压吸附与磁吸附两种吸附方式，这种大楼清洁洗机器人采用的是负压吸附的方式。磁吸附爬壁机器人也已经在我国问世，并且已经应用到了大庆油田。我国哈尔滨工业大学与上海大学也加入了研究工作，并且成功地研制出了这种机器人，已将自己的产品推广到更多的领域。

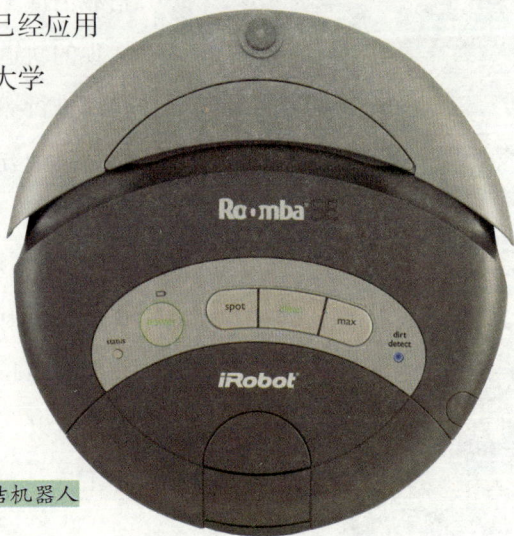

❖ 现代清洁机器人

Part3 第三章

导游机器人

随着科技的进步，不只是老师变成了机器人，当我们去旅游时，导游也换成机器人，这是一种怎样的景象呢？

这样的场景早在 1995 年就已经实现了，伦敦博览会上，一个圆脑袋的家伙可谓出尽了风头，它不断向人问候，并且发送礼物，自动躲避障碍物，从这一个展台走到另一个展台，自由地穿梭在人群中，这就是导游机器人。

❖ 导游机器人

它的出现引起了全场参观者的兴趣，它的名字叫吉姆。吉姆有半米高，圆圆的脑袋，大大的眼睛，靠四个轮子来运动。眼睛里装了小型雷达，是用来探测身边的人与物体的。它可以很好地与人们进行交谈，现场的一位记者问它是男是女的时候，吉姆转了转它那茶杯口大的眼睛说："我们机器人是不分男女的。"此话一出，引起了在场观众的哄堂大笑。机器人吉姆还装备了先进的计算机语音处理系统，可以听懂英语，并且利用计算机存储的信息进行识别然后做出相应的回答。机器人身体内的计算机能够根据雷达探测到的数据，决定自己的行走路线。这种机器人适合应用在商店导购、宾馆服务以及为盲人导向等很多方面的导游服务工作。

2003 年，韩国一家技术公司研发出一种可以在博物馆、展厅等室内场所为参观者进行讲解的导游机器人。

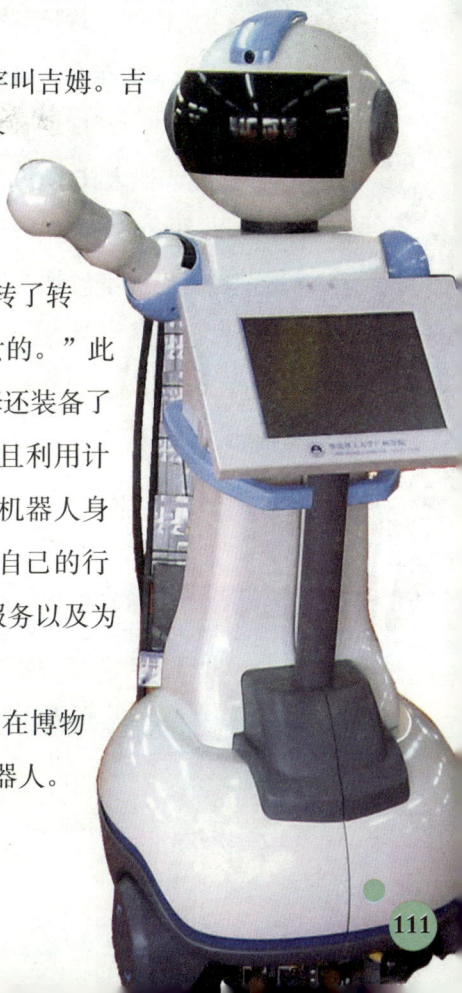

这种导游机器人身高 1.35 米，重达 50 千克，体形接近于方柱体，头部就是一块触摸式显示器。这块显示器是可以让游客触摸的，通过此显示器来了解游览方向与展品。导游机器人的下部装有驱动装置，能够使机器人在平坦的地面上自由移动。机器人体内还装有语言识别系统与语音合成器，可以对人们说的话进行识别然后进行回答。此导游机器人还可以为游客带路，在沿途中向游客介绍那些重要展品，而且在它的"头部"还会显示出有关信息。这种导游机器人是依靠电池能量来工作的，就算电池能量耗尽也不用担心，导游机器人会自己去寻找电源插座来为自己充电。

知识小链接

在中国科技馆，还有一个机器人会吸引人们的目光，那就是一只会走迷宫的小龟机器人，你可以随心所欲地设置迷宫形式，这只机器龟都可以通过不断探测找到终点，而且还会记路，沿着探测到的正确路线回到出发点，全方位地展示了行走和路线识别技术。机器龟装备着行走机构、导向、障碍探测器以及控制系统等，能够自由地完成前进、后退、斜行、横移、转弯等动作。

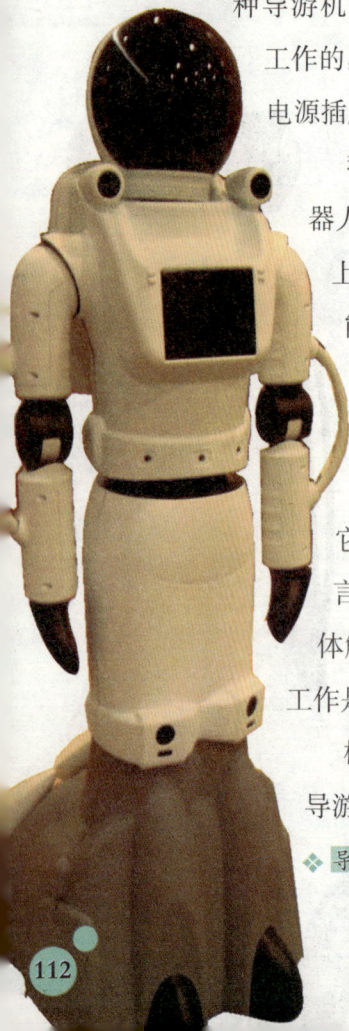

我国也有自行研制的导游机器人，是由哈尔滨工业大学的机器人技术公司研究出来的。该机器人名字叫"灵灵"。它的身上有电脑、红外线、超声波测距装置以及声音传感器等装备，能够随着场景的变化向参观者讲解，迅速地了解周围环境，与人们进行简单的交流。

"灵灵"属于第二智能型的服务机器人，体重大约 60 千克，是采用蓄电池供电的。"灵灵"具备的优点有很多，它可以自主规划路径、无缆行走、识别以及回避障碍物、语言识别与语言合成、自由对话以及讲解等，还可以配备多媒体触摸屏电脑，让参观者更清楚地了解展品。目前"灵灵"的工作是在中国科学技术馆接待一些参观者。

机器人正在逐渐地走进人们的生产生活，或许将来的一天，导游机器人会遍及世界各地。

❖ 导游机器人

第四章
跟动物学仿生技术

你们是否羡慕猫头鹰的"夜光眼"？是否想像蝙蝠一样拥有"雷达"功能？这些我们虽然都不能拥有，但是凭借科学的进步，我们可以利用动物的这些特殊功能去仿造一些高科技产品，让这些高科技产品拥有与动物一样的"特殊功能"。

利用青蛙的眼睛，我们研制出"电子蛙眼"；利用鱼身上的鱼鳍，我们仿造出了船桨；如今，这样的例子数不胜数，我们人类跟动物的"学习"也不断深入。

Part4 第四章

萤火虫的冷光源

我们都知道萤火虫的屁股是一亮一亮的，你可千万别小看它，这里面可蕴含着大学问呢！

在夏季或者秋季的夜晚，我们经常会在院子中看到一盏盏小灯笼在飞舞，它们发着绿色的光，一闪一闪的，一群孩子争先恐后地去扑这些"灯笼"，给我们的童年带来无尽的乐趣。

萤火虫的"冷光"

很多人都不理解，萤火虫为什么会发光？是它的屁股着火了吗？其实萤火虫发光的原因是因为它的腹部尾端含有两种基本的物质，一种叫作荧光素，另一种叫作荧光素酶。荧光素是一种发光物质，容易被氧化，且耐高温，而荧光素酶是一种蛋白性质的催化剂，它是不耐热的，更别说高温了。萤火虫在呼吸的时候，氧气就会进入它的微气管，在荧光素酶的催化作用下，氧气与荧光素进行反应，这样就会产生我们看到的亮光。又因为萤火虫不是在均匀地呼吸，所以氧气

❖ 白天的萤火虫

在动物世界，同样会发光的动物还有生活在水里的水母。与萤火虫不同的是，水母发光是依靠一种叫埃奎林的奇妙的蛋白。水母体内含有的这种蛋白越多，它发光就越强烈，正常的水母体内含有 3 万左右的埃奎林，有的水母会发出蓝色的光，这是因为它碰到了钙离子，埃奎林蛋白唯一能反应的物质就是钙离子。

的吸入与呼出是有多有少的，这就导致了萤火虫的发光时暗时明，我们看上去就是一闪一闪的。

那么萤火虫发出的光与我们照明的灯光一样吗？那是不可能一样的，萤火虫发出的光是一种"冷光"。为什么说是冷光呢？因为这种光的温度只有四十万分之一摄氏度，十分接近零度，与白炽灯中的钨丝发出的光可是天壤之别啊，而且萤火虫的发光效率还十分高，拿白炽灯来说，发出的光都被红外线热散发掉了，效率也就有 2% 左右，而萤火虫的这种"冷光"，几乎是百分之百的效率，是不是也差很多呢。

就是因为萤火虫发出的光具有高效率，科学家进行人工仿制萤火虫的发光物质，并且在医学、矿井与工业等许多领域获得应用。

"冷光"的应用

在医学领域内，科学家们想从萤火虫体内提取那些发光细胞，然后与癌细胞进行结合，通过测量癌细胞内显示的光亮的强弱程度，就可以知道癌细胞的活跃程度与其生长的进度，这样就可以及时了解情况，及时控制癌细胞的生长。

❖ 夜里的萤火虫

在矿井领域内，科学家们惊奇地发现，一只白炽灯在发光时所产生的热辐射达到 95% 以上，而萤火虫发的光所产生的热能只有 10% 左右，如果在含有爆炸隐患的瓦斯矿井中或弹药库中作业时，用白炽灯做照明工具就会十分危险，若采用萤火虫发出的光作为照明工具，危险系数将大大降低，所以科学家们利用提取的荧光素与荧光素酶来合成冷光，制成照明工具。

在工业领域内，同样可以利用从萤火虫体内提取的发光细胞物质去探测金属污染程度；也可以把这种发光细胞放到遭受有机物污染的水体里面，同样通过发光的强弱程度就可以知道微生物在水中的活跃程度，通过这种方式来鉴定水污染程度。

❖ 夜里的萤火虫

不仅如此，这种"冷光"还可以更广泛应用于街道、实验室、手术室；还可以用它来制作夜光手表、夜光路标、夜光仪表等一系列夜光产品。"冷光"照明还会节约电力资源，光线柔和，不影响视力；"冷光"还不会产生磁场，所以可以做成水下作业发光灯。总之，这是一种应用广泛、前途广阔的新光源，不断受到科学家们的高度重视。

❖ 夜里的萤火虫

Part4 第四章

会放电的鱼

在炎热的夏天，由于电压低经常会停电，这时如果拥有发电机会是多么美好的事情，哪怕有两条"发电鱼"也行啊。

有一次，渤海湾远洋作业船队开赴东海渔区去赶鱼汛，这时一名检修人员到水下去排除水下障碍，在刚刚潜入水下的时候，不小心碰到了一个不明物，突然感到自己四肢麻木、浑身打战，有一种触电般的感觉，当时以为自己遇到了"水怪"，在游上岸后，当地的渔民告诉他，他是碰到了一种会放电的怪鱼——电鳐。

不久，他们就用拖网捕捉到了一只电鳐。电鳐一般生活在海洋底部，身长约 60 厘米，身子是扁平的，头部与胸部是连在一起的，后面还有一条长长的尾巴。从它的形状来看，就像一把大大的蒲扇。当地渔民刚要把这条怪鱼从渔网上弄下来，刚才吃了亏的小伙子连忙上前阻止，当地渔民却是微微一笑，走过去，伸手将这"怪物"从渔网上弄了下来，丢到了甲板上。小伙子很好奇，它这时为什么不放电了？当地有经验的渔民解释说，在它落网的时候它已经在连续放电了，现在早已精疲力竭，已经放不出电了。

❖ 电鳐

其实不只是电鳐，很多鱼都具备这种本领。目前世界上已发现的可以放电的鱼达 500 多种，只不过有的鱼放

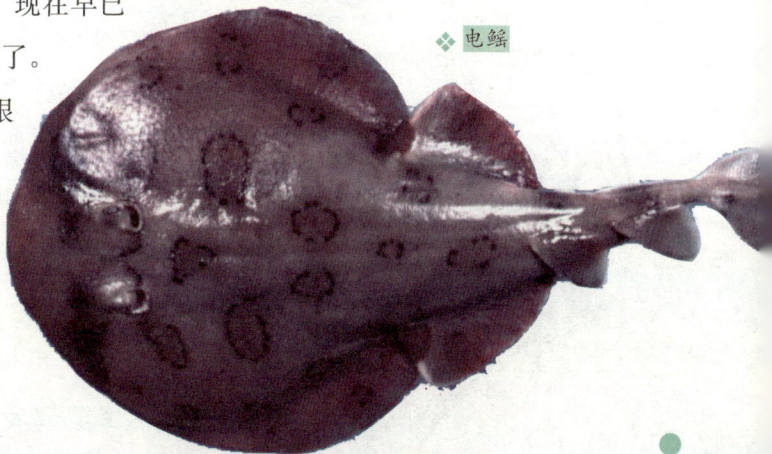

出的电流大，有的则相对较小。一只大的电鳐每秒可以放电 150 多次，放出的电压最高达到 220 伏。非洲有一种电鲇鱼，它可以一次产生 350 伏的电压，足足可以电死小鱼，甚至可以将渔民电昏。这些都不是放电功率最高的鱼，生活在南美洲的电鳗才是真正的"电王"，一条电鳗可以释放出 800 多伏电，经过计算，如果 10000 条电鳗同时放电，可以使一辆电车行驶几分钟。

❖ 电鳐

这些鱼为什么会"放电"呢？那是因为它们的身体内部有一种十分奇特的放电器官，能够在体外产生高电压。不同种类的放电鱼的放电器官的位置与形状也都各不相同，有的在尾肌或鳃肌，也有的在眼肌或腺体的。电鳗的放电器官就分布在尾部的脊椎两侧，是长棱形的，而电鳐的电器官是排列在头胸部与腹部两侧的，形

知识小链接

我们知道与电打交道的动物都是水里的生物，那你们知道大黄蜂也会发电吗？科学家们发现，一种叫东方大黄蜂的动物，它们在白天十分活跃，而且温度越高越活跃。经过仔细研究才发现，这种黄蜂腹部有一条凸起的条纹，而这个凸起物可以收集太阳能，并且将太阳能转化为电能。

状像两个扁平的肾脏，由很多蜂窝状的细胞组成。这些细胞组成呈六角柱形，被称作"电板"。

电鳐拥有的两个放电器中，一共有 2000 个电板柱，大约是 200 万块"电板"。这些"电板"浸润在细胞外胶质中，这些胶质能够起到绝缘作用。"电板"的一面分布着末梢神

❖ 东方大黄蜂

经，一面为负电极，另一面为正电极。电流方向就是从正极流到负极的，也就是由电鳐的背面流到腹面。在神经脉冲的作用下，这两个放电器就可以变神经能为电能，最后释放出电来。虽然单个的"电板"产生的电压十分微弱，但由于"电板"很多，因此产生的电压就不可小看了。

❖ 电鳐

电鳐一次释放的电压可达60～70伏，在连续放电时可达100伏，大个体的电鳐放电功率可以达到3000瓦，这也是它们吃饭的手段，靠放电来击倒水里的小鱼小虾，然后将它们作为自己的"美食"。同样这也是躲避伤害、保护自己的一种方式。

电鳐还对人类做出了贡献。19世纪，意大利的物理学家伏打根据电鱼的放电原理设计出世界上最早的电池——伏打电池。随着科技的进步，电鱼们的放电原理将会给科学家们带来更多的启示。

花花**蝴蝶**

蝴蝶永远是那么美丽，穿着"花衣"漫天飞舞，可是你们知道它"花衣"下的秘密吗？

蝴蝶的"花衣"看上去光彩夺人，十分美丽，但是这里面隐藏着很多不为人知的秘密呢！让我们来揭秘吧。

"花衣"与防伪技术

科学家们在研究一种大凤蝶的时候发现，它的翅膀"鳞片"上面有两种颜色，一种是黄色，一种是蓝色。但最令人不解的是，当阳光照到它的翅膀上时，又闪烁出了璀璨的绿色。这就引起了科学家们的好奇，这到底是为什么呢？经过在显微镜下观察得知，大凤蝶翅膀上的"鳞片"排列是有序的，上面还布满了向下凹的小坑，坑底部是黄色的，而斜坡上却是蓝色的。这样就可以很清楚地解释为什么光照后会成绿色的现象了，当阳光照到它翅膀上小坑的底部时，就会反射出黄色的光；当照到斜坡一侧时，就会反射出蓝色的光，反射出的蓝光又会被折射到另外一侧的斜坡，再反射出来依然是蓝色的光，因为小坑的空间很小，所以用人的肉眼不能区分底部的黄色与上面两次反射出来的蓝色，当两种颜色叠加起来后，看到的就是

◆ 大凤蝶

绿色了。

这样的现象在我们看来就是乐趣，而在科学家看来，这就是灵感。科学家们根据蝴蝶"鳞片"上的奥秘，将纸币与信用卡的表面也制作成了蝴蝶翅膀的这种结构，设计出了很多小坑，这样就可以起到防伪作用了，因为就算伪造者把假币的图案做得和真币一模一样，也无法将这些小坑仿制得一模一样，只要用特定的光学设备进行验证，是真是假自然就会知道。蝴蝶看起来漂亮的"花衣"，给我们帮了不小的忙啊！

❖ 枯叶蝶

❖ 仿枯叶蝶做的野战服

"花衣"与野战服

有一种蝴蝶叫枯叶蝶，这种蝴蝶的体色、斑纹还有姿态都是模仿黄色的枯树叶，因此得名枯叶蝶。这种蝴蝶一旦遇到了"敌人"，就会迅速地寻找栖息地来避难，并且会施展自己的"隐身术"，将自己的身体紧紧贴在树枝上，它枯黄色的体色与斑纹极像一片叶子，真的就像一片枯叶挂在树枝上，这样就可以混淆敌人的视觉，帮助它们躲过灾难。这种依据颜色来蒙蔽敌人的方法被称为保护色。于是，人们也开始模仿，用人造的保护色把自己伪装起来。例如野战部队中，士兵那带有条纹且色彩斑驳的野战服就是采用的这个视觉效果。

在第二次世界大战期间，德国军队把苏联列宁格勒包围起来，试图用轰炸机摧毁这里的所有军事设备，那时苏联的昆虫学家就提议，模仿蝴蝶这种混淆色彩的保护方法来保护军事设备，于是，士兵们开始在军事设备上覆盖一些各种色彩的防御材料，当太阳光照射在上面时，这些被包裹的军事设备变幻着各种颜色，这种缭眼的伪装色彩使德军没有办法准确找到目标，更别说攻击目标了，因此，列宁格勒的军事设备大部分都被保住了，蝴蝶应该记一等功。

知识小链接

当游泳健将们拿下一块块奖牌，除了佩服他们自身的能力外，还要佩服他们身上的"鲨鱼皮"。他们的泳衣是模仿鲨鱼的皮肤来制造的，由于鲨鱼的皮肤表面有粗糙的 V 形皱褶，这可以大大减少小水流的摩擦力，使鲨鱼身体周围的水流更高效地流过，所以鲨鱼游得很快。科学家们根据这一特点，加上高科技手段，研制出了可以让运动员们游得更快的"鲨鱼皮"。

蝴蝶与微型飞机

英国牛津大学有两个昆虫学家，多年来，他们一直在研究有关昆虫的空气动力学，尤其是蝴蝶，为此他们还训练了一种叫"红色军蝶"的蝴蝶，使它的飞行技巧变得十分高超。

科学家让"红色军蝶"在人造花之间进行飞行，还不时地把一股股气流吹向蝴蝶的翅膀，之后，运用超高速摄像机记录下来，然后用电子设备对其飞行的动作与技巧进行深入的研究与分析。经过研究得知，"红色军蝶"的飞行是有规律的，它并不是无规则地摆动自己的双翅。它扇动自己的翅膀，从而造成涡流，以便起到增加额外浮力的作用。它的每一次扇动翅膀都力求达到最佳效率。从蝴蝶产生浮力的相应比例来讲，它至少是现代最先进飞机的 10 倍之多。尽管现在的科技发达，人类还是不能制造出一架自由起飞、随意停顿的微型飞机，这方面还需要更多地了解蝴蝶，或许能找到灵感。

仿蝴蝶的微型飞机

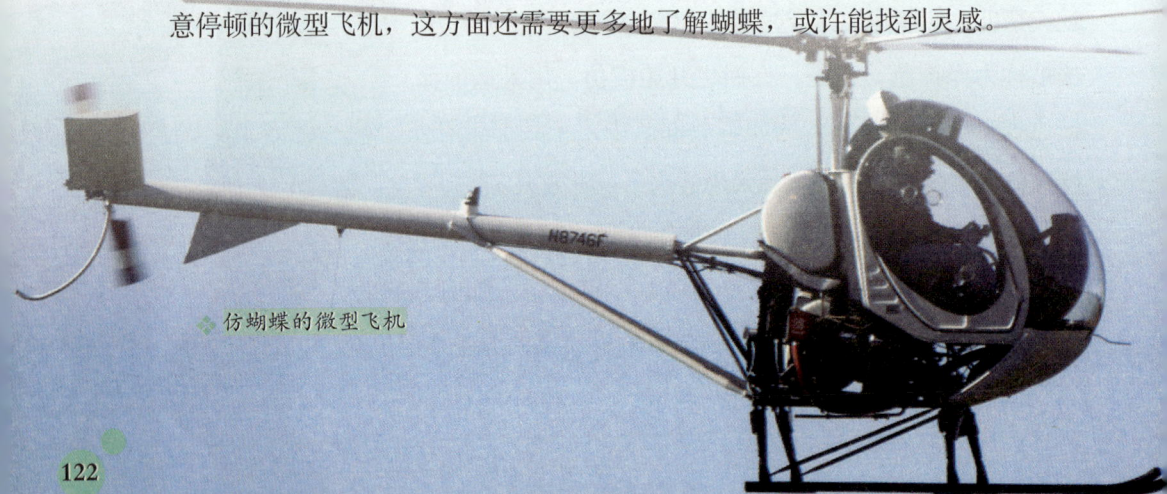

Part4 第四章

调控温度的大楼

炎热的夏天，我们习惯躲在空调屋里，但经常进出空调屋会给我们身体带来不适，有没有一种房间可以自然做到冬暖夏凉呢？

白蚁的"豪宅"

白蚁是一种群居动物，它们最喜欢在温暖的环境中生活。科学家们研究发现，在澳大利亚西部生活的罗盘白蚁不管是白天还是夜晚、不管是冬天还是夏天，它们巢穴的温度始终维持在 30℃～ 32℃，到底该怎样解释这种神奇的现象呢？

对我们人类来说，只有在有空调系统的房子内才可以精确地控制温度、保持温度，可是长期开空调会对我们的身体产生不利影响，还会浪费许多资源。因此，科学家们正在不断寻找可以代替空调系统的方法，白蚁的出现，使科学家们眼前一亮，似乎想在这方面寻找灵感。如果真的可以把我们的房屋建成像白蚁的巢穴一样，那我们基本就可以告别空调了，这样就会节省大量的能源，也会更加有利于我们的健康。

首先我们来看看

❖ 白蚁巢穴

白蚁巢穴的构造，之所以可以保持温度，是因为它们通过控制气流来调节巢穴里的温度。它们的巢穴是建在地下的，巢穴上面用泥土建筑起了3米多高的塔，塔内有通气道，是用来连接地下巢穴与外界的。整个塔是一个楔形，周围都是大面积的平面，可以吸收阳光的热量，而塔的顶部面积较小，这就减少了强烈的阳光热量，避免了高温直射。

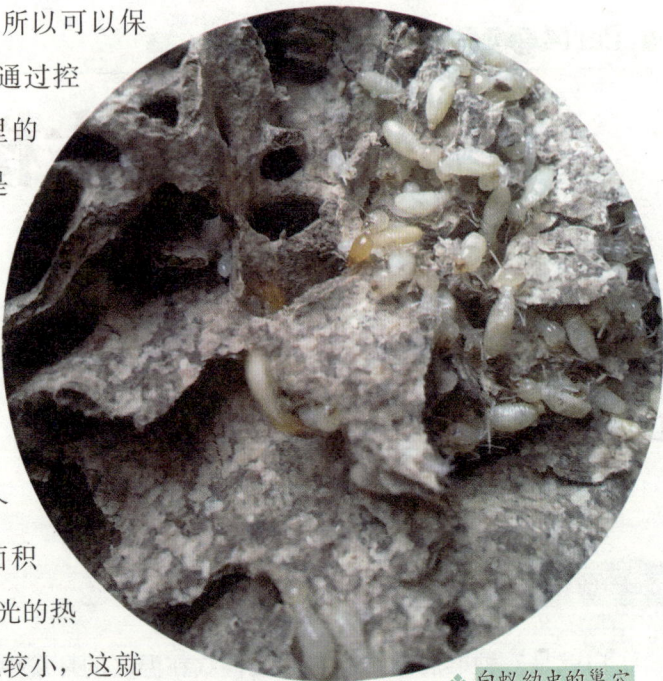
❖ 白蚁幼虫的巢穴

当塔变热时，里面的空气就会上升，热空气被排出去，新的空气抽进来；若是有风吹过塔顶，这时气流就会被吸入巢穴内，巢穴就会变得凉爽。这就是整个白蚁巢穴的大概构造与原理，科学家们称之为"烟囱效应"。

❖ 白蚁

会呼吸的大楼

英国根据"烟囱效应"建造出了"会呼吸的大楼"。这些大楼有3~4层，每栋大楼的角上全部装有一个17米高的圆柱形玻璃塔，塔里面有主楼梯，能够采集阳光和风，因此就会产生"烟囱效

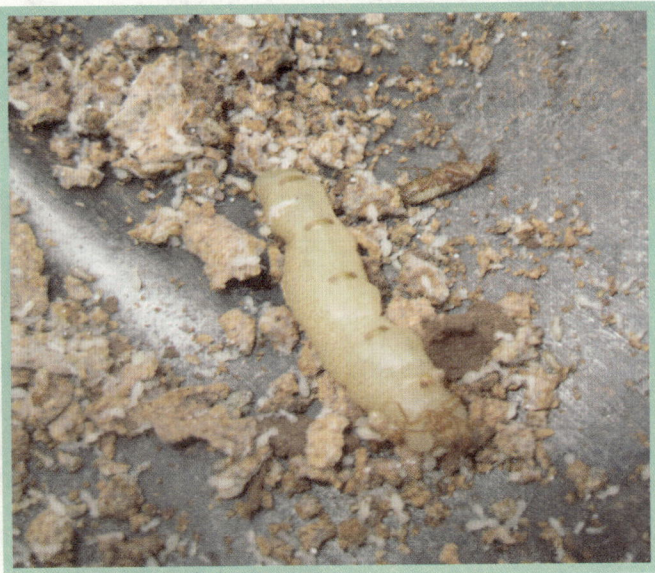

应"。塔的顶部还可以应用液压的方法升起或者降落，目的是更好地控制气流，从而调节大楼的温度。当暴风雨来临的时候，电脑系统会将屋顶关闭，防止雨水流入，在夏季，它就会启动格栅内的风扇，这样就可以将清凉的空气扇入办公室。

另外，为了避免夏季高温的影响，应该在混凝土楼板中加上通气管，这样的话，白天楼板能吸收热量，夜晚还会把热量散发出来，室内温度高峰时段也会从下午2点推移到6点，到那个时候，大多数人已经离开了办公室。看来，我们还需要向动物界的建筑师学习了。

知识小链接

鸟类家族里面有好多的建筑师，其中最厉害的就要数织布鸟了。织布鸟最擅长建筑巢穴，它们的巢穴是鸟类中最大的，能够住下好几代织布鸟，而且十分牢靠，可以维持百年之久，不仅如此，它们还会把多余的房间"租"给其他的鸟类。就连肉食动物猎鹰也会到此来"租"一个房间，并且不会伤害里面的织布鸟。

◈ 会呼吸的大楼

Part4 第四章

装有"雷达"的蝙蝠

当我们在深夜里出去是不是都会带上一支手电筒，不然就容易摔倒，但是在树林里的蝙蝠在黑夜里是怎样做到任意飞翔的呢？

现代船只或者舰艇上面都配有声呐系统，也就是声雷达，主要是用来搜索躲藏在水中的目标的，如水雷、鱼群、暗礁等。在一定的距离范围内，两艘装备声呐系统的船舰还可以进行相互通信。声呐探测的目标为几千米，但是如果用来通信的话，那距离就会更远。声呐的研究比较早，在第一次世界大战的时候就已经发明出来了。人们是根据自然界里那些具有类似雷达的动物来仿制出的雷达系统，其中研究最多的就应该是蝙蝠的雷达系统了。

蝙蝠的"装备"

蝙蝠是一种白天休息、晚上出来活动的动物，无论夜晚外面有多黑，哪怕是伸手不见五指，它也可以自由地穿梭在森林中，而不会撞到树上。在如此漆黑的晚上，只要是它盯上的"美食"，一般是逃不掉的，因为它有着惊人的灵活性与准确性。而且速度也很快，它1分钟可以捕捉到10多只蚊子，而且基本上不会有一只"漏网"。很多人会认为，蝙蝠的眼睛得有多厉害啊！这么想就错了，它的这些本

知识小链接

在海洋深处，也有一种具备声呐的动物，它就是海豚。海豚的声呐灵敏度十分高，可以发现几米以外直径只有0.2毫米的金属丝和直径1毫米的尼龙绳，甚至可以发现几百米外的鱼群，可以遮住眼睛在插满竹竿的水池子中灵活迅速地穿梭而不会碰到竹竿。同时，海豚声呐的识别能力也很强，不但能识别不同的鱼类，而且能区分开黄铜、铝、电木、塑料等不同的物质材料。海底声呐探测仪也是根据它来制造的。

❖ 蝙蝠

事不是它眼睛的功劳，就算把它的眼睛蒙起来，它照样可以做到以上那些。这到底是为什么呢？就是因为它具备一套纯天然的声呐系统。

蝙蝠的喉咙能够发出很强的超声波，并且通过嘴与鼻子发射出去。这就是蝙蝠的声呐"发射机"。而"接收机"自然就是耳朵了。通过耳朵来接收反射来的回声，蝙蝠就可以知道物体的距离与大小，并且可以知道是食物、敌人，还是障碍物。科学家把蝙蝠这套依靠回声来探测物体的方法命名为"回声定位"系统。

蝙蝠的定位

蝙蝠的耳朵十分大，尤其是内耳，特别发达，可以接收频率很高的超声波回声。而且，蝙蝠可以在 1 秒之内发出 250 组的超声脉冲，同时也可以准确地接收与分辨同样数目的回声。蝙蝠声呐的分辨能力也十分强，它可以分辨用 0.1 毫米粗的线构成的网，并且可以根据网洞大小来收缩两翼敏捷地飞过，不会碰到网。它可以把从昆虫身上反射的超声信号跟地表、树木等反射的信号区分开来，不会混淆。

蝙蝠的声呐系统还可以同时探测多个目标，而且抗干扰能力也十分强，

❖ 蝙蝠

就算故意干扰它，发出的干扰噪声比它发出的超声强上一两百倍也不在乎，它的声呐系统依然可以有效地进行工作，不会受到任何影响。蝙蝠还是群居动物，当成千上万的蝙蝠在一个洞里同时使用声呐时也没关系，它们互不干扰，就像每个都有自己的频段一样。人造声呐虽然是模仿蝙蝠的声呐，但在这方面还不能与它"媲美"，人造声呐很容易受到各种干扰，而且一有干扰就不会正常地进行工作了。

蝙蝠的声呐系统还具有体积小、结构紧的特点。它的声呐也就有几克重，体积也就几分之一立方厘米而已。而我们人造的现代声呐可达上千千千克，体积甚至可以达到几百立方分米。科学家们还模仿蝙蝠的定位系统，研制出了盲人用的"探路仪"与"超声眼镜"。这两种仪器能够发射超声波、接收回声信号并把这些信号转变为人耳可以听到的声音。经过特定的训练，盲人凭"听"声音就可以知道路面情况，就会躲开障碍物了。

❖ 和蝙蝠一样具备声呐的海豚

Part4 第四章

神奇的"天眼"

看到神话里面的二郎神的第三只眼，我们是不是很羡慕？其实一些动物眼睛具备的功能，二郎神的"天眼"也未必能做到。

大多数人觉得我们的人眼已经很完美了，大小正好，形状也正好，还能看清各种事物，判断其形状、大小等参量。人眼确实很完美，但在一些功能上与其他动物的眼睛相比，那就是再平常不过的眼睛了。

动物的眼睛形形色色，各不相同，各具特点，甚至有的动物都不只两只眼睛。例如，我们熟知的蜜蜂长有 5 只眼睛，有 3 只长在它的头甲里，我们称之为额眼，还有 2 只长在它头部的两侧，我们称之为复眼。鲨也长有 4 只眼睛，2 只在头部的前方，另外 2 只在头部的两侧，也同样被称为复眼。令我们讨厌的苍蝇长有 5 只眼睛，有 3 只长在头脊部，被称为单眼，2 只长在头部两侧，也就是复眼。一般的昆虫都是具备复眼的，而且从结构上来说，也都大同小异。别以为复眼就是一只眼睛而已，这些复眼都是由很多很多小眼构成的，例如，蟑螂的复眼由 1800 个小眼构成，蜜蜂家族里蜂王的复眼有 4920 个小眼，而工蜂则多达 6300 个小眼，雄蜂更是具有 13090 个小眼。蚊子的复眼则有 50 个小眼，苍蝇有 6000～8000 个小眼。最厉害的要数蜻蜓了，一般拥有 28000 个小眼。它们的复眼越大，小眼就越多，

◆ 蜜蜂的天眼

视力就会越强，清晰度自然也会越高。

捕捉瞬间的蛙眼

我们经常看到，青蛙会蹲在一个地方一动不动地等待着自己的"大餐"。其实青蛙是在通过眼睛获取关于周围的信息。它可以迅速地发现运动目标，精确算出目标在某一时刻的位置、运动方向与速度，然后立刻选择最佳的进攻时间，如此一来，那些飞虫是逃不出青蛙的舌头了。

❖ 蜻蜓的天眼

青蛙的眼为什么可以做这么多呢？经研究发现，蛙眼具有四类神经纤维，就是四种检测器，分别掌管辨认、抽取、输入、视网膜图像这四项工作。在应用的时候，这四种检测器是一起进行工作的。每一种检测器会把自己检测到的结果传到青蛙的视顶盖，也就是青蛙的视觉中枢。视觉神经的细胞上下分为四层，每一层都会产生图像的一种特征，当这四层的特征叠加在一起，会得到一个综合的图像，就是青蛙所看到的图像了。整个过程就好比我们画一张人脸一样，先把头的轮廓画出来，然后再把眼睛、鼻子、嘴画上去，再去涂颜色、衬光线，这样整张画才会有立体感。

❖ 青蛙的天眼

鲎眼的紫外功能

在我国的东南沿海生活着一种海洋节肢动物，它们叫中国鲎。它们的形状类似于螃蟹，但是也和蜘蛛蝎子有点相同，它们喜欢在浅海里游泳，在海底爬行，或者将自己埋在泥沙里面。这种海洋生物的历史十分悠久，在海洋的首批鱼类没有出现的时候，它们就已经存在了。它们有着"活化石"的称号。

之所以介绍它们是因为它们的眼睛，具有特殊的功能。它们有 4 只眼睛，前面的 2 只是小眼，直径大约为 0.5 毫米，虽然很小，但也有自己的晶状体与视网膜，视网膜中有着 5080 个感光细胞。它们对近紫外辐射最敏感，可是在刺激停止后，反应就会迅速降为 0。

就是因为这一个特点，科学家们认为这种小眼为监视紫外线突然增多的感受器。对鲎的一举一动影响最大的就是它两侧的复眼。鲎的复眼与昆虫的复眼十分类似，其中包含了 1000 个小眼。鲎眼的所有感光细胞都有自己的透镜，将投射到上面的光聚焦，沿神经末梢传到这些感光细胞上，在这里，光就可以转变为产生脉冲的电化学能。接着传递到脑部，做最后的加工。这就是整个过程。

知识小链接

猫头鹰的眼睛其实就是一架微型望远镜，它的视网膜上有着极丰富的柱状细胞，这些柱状的细胞可以感受到外界的光信号，因此猫头鹰的眼睛能够察觉到极其微弱的光亮。此外，在黑暗中，猫头鹰不仅靠眼睛来飞行，更靠视觉来捕捉"美食"，填饱肚子。因此，它的眼睛真的不是一般的好，如果用一般的鸟类所具有的视觉感觉系统来衡量猫头鹰的话，那么要达到它这样的视力，估计猫头鹰的整个脑部就得都由视觉神经组成了。

❖ 猫头鹰的天眼

科学家们模仿鲎眼视神经之间的互相抑制作用，成功研制出一种电模型，这是一台专门的模拟机，可以解10个元素构成的网络方程。假如把某个本来很模糊的图像拿到这台模型上来，图像就会像是被聚焦了一样，边缘轮廓显得十分鲜明。利用这个原理制成的电视摄影机，可以在微弱的光线下提供清晰度十分高的电视影像。同样，也能用这样的方法来提升雷达的显示灵敏度，效果十分好。

❖ 中国鲎

这种仅对运动的物体有反应的机器十分重要。我们现代应用的探测飞机的雷达通常会被建筑、障碍物等反射的信号干扰。飞机与其不同的是，它是运动着的。正是运动才让雷达把飞机分辨出来，并指引它到着陆地带，假如用简单方法让不动的目标从雷达屏上消失，那工作起来该是多么方便。这还需要科学家们进一步研究。

❖ 成群的中国鲎

Part4 第四章

动物们的**温度**

大家都知道动物中有的是冷血动物，有的则是"热血少年"，那这到底是由什么来决定的呢？

人是温血动物，体温是相对恒定的，也就是说所有机体产生的热与散发的热基本是相同的，所以像人一样的温血动物的产热率都是相对稳定的，这样体温就保持相对的恒定。人体的散热主要是皮肤的辐射热与汗腺的蒸发热，其次就是肺通过呼吸散发出部分的热。

温血动物辐射热其实就是一种红外线，也被称为红外光，电磁谱里，波长在红光与微波之间的电磁辐射，这是人的肉眼看不到的一种光，但是有着显著的热效应。人们应用特殊的灯来照射物体，用滤镜挡住一切肉眼可以看到的光，只让红外线透出，然后通过红外线望远镜，如军用窥探望远镜与瞄准望远镜等才会看见。

但是在自然界里面，有很多动物都可以接收到红外线，它们都拥有这种接收的结构。例如，雌蚊虫具有的红外线探测仪就是它的触角，是环毛状的。

◆ 雌蚊虫

当它在觅食的时候就会不断地转动这一对触角，当它的一对触角接收到的辐射热相同的时候，就会知道被吮血的温血动物就在自己的前方，雌蚊虫就会朝目标

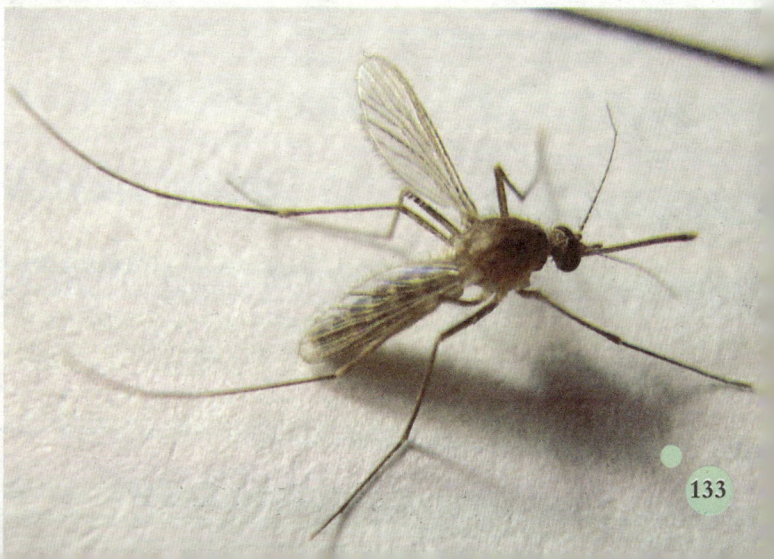

快速飞去。根据离热源越近，接收到辐射热就会越多的原理，就可以准确地得知辐射热源的具体位置。

蛇类中也有一些比较厉害的。例如，在摆动时可以发出声音的响尾蛇，它的眼睛和鼻孔的中间有一个凹窝，这个凹窝叫颊窝，它有着极为敏感的红外线感受作用。如果将一条蒙住眼睛的响尾蛇放到两只灯泡下面，不让灯泡亮，这条响尾蛇就会毫无反应，十分安静。但你要是使其中一个灯泡亮，这条响尾蛇就会显得异常兴奋，立刻朝着那只亮的灯泡昂首张口，但它不会理睬那只不亮的灯泡。如果将响尾蛇的颊窝神经暴露出来，再插上微电极，把颊窝的神经细胞的电变化引出来，使它显示到示波器上面，接着给颊窝加以化学、声音与机械等多种刺激，在示波器上不会显示出脉冲的变化。但是，如果将手或者热的物体去接近它时，示波器上就会立刻显示出强烈的脉冲变化，这就代表着它处于兴奋状态。颊窝可以感受到0.001℃的温度升高，并且可以在35毫秒内做出反应，而且具备极高的抗干扰能力与分辨能力。颊窝被一层薄膜分成内、外两个小腔。内腔以小孔开口在皮肤，使内腔和环境的温度一致，而且能调节内外腔间的压力。颊窝上分布着许多三叉神经末梢质体，这些就是红外感受单位，包含有很多线粒体。颊窝膜的表

冷血动物并不是指的没有温度的动物，它是指一群可以变温的动物。所谓变温动物，是指动物的体温不是恒定的而是随外界温度的改变而改变，一般除了鸟类与哺乳类外，其他动物都属于冷血动物。变温动物是没有体内调温系统的动物，自身体内不可以做到恒温，要通过照射太阳等方式来保持体温，或者用行动来调节体温。在冬天，它们的体温会下降，所需能量也会减少，这样就不会存在冻死的危险。

❖响尾蛇

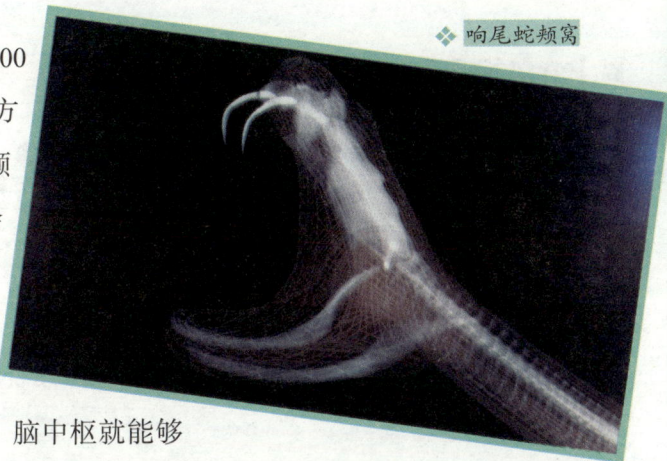

❖ 响尾蛇颊窝

面每平方毫米就约有 1000 个红外感受单位。外腔方向指向前方，热量达到颊窝时，窝内的空气就会膨胀，颊窝膜两侧温度就会不同，神经末梢便兴奋，然后产生脉冲传给脑中枢，信息加工后，脑中枢就能够发出攻击猎物的命令。在电子显微镜观察下，能够见到神经末梢受刺激后，线粒体的形态就会发生改变，线粒体能够构成初级红外感受器。

目前对颊窝的灵敏度已经可以检测，但对其机制还不是完全了解，拥有颊窝的蛇靠它的颊窝感觉在黑夜中寻找食物，颊窝接收来自远方的辐射热，左右两个颊窝的感觉场会是重叠的，并且会产生一定的感觉距离。往往蛇体盘起时比游动时感觉距离要远一些，只要它们感觉到有比环境温度稍差异的物体就会立刻注意。每种动物的这种"装置"位置会有不同。例如，蟒蛇的红外感受器就在头的正面与唇边，被称为唇窝；乌贼的红外感受器在它尾部的下表面，被称为热视眼。

人们利用动物的这些特性制造出了灵敏的量热、温度计与红外探测装置等装备。例如，响尾蛇导弹，这是一种空对空导弹，就是把红外探测器配备在歼击机弹头上，它能够追踪敌机发动机散发出的热与喷出的废气所发出的红外线，进而可以准确地攻击到它。此技术现在已作为世界上发展最快的新兴产业之一，受到人们的高度重视。

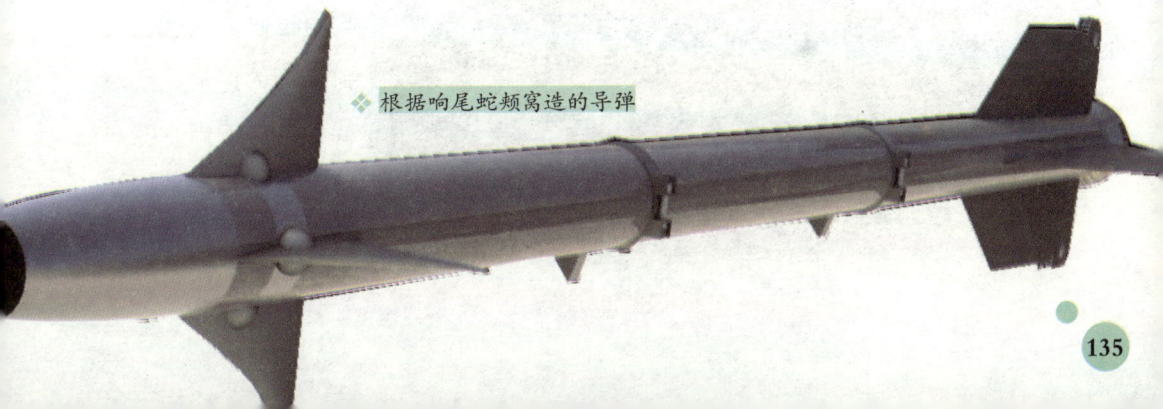

❖ 根据响尾蛇颊窝造的导弹

"神探" 响尾蛇

我们都知道响尾蛇是一种剧毒的蛇，但很多人都不知道，它还具备一种跟踪术。

在一些偏僻的地区或者野外，经常会听到一些"沙沙"的声音，大部分人会以为是小溪或者小河的声音，可是当你仔细看看，周围没有什么小河，那这是怎么一回事呢？当你遇到这种情况你就要小心了，因为这有可能是响尾蛇出来了，这是一种毒性很强，摇动的时候尾巴会发出响声的蛇，在"蛇界"可是大名鼎鼎啊！

响尾蛇尾巴的发声原理

那响尾蛇的尾巴为什么会发出响声呢？大家可以注意一下，在篮球、足球比赛的时候，裁判都会有一个哨子，这是一个金属壳，里面有一层隔膜形成两个空泡，当我们去用力吹的时候空泡就会受到空气的振动，接着就会发出响声。响尾蛇的尾巴与哨子的结构十分相似，只不过

响尾蛇

材质不一样，它的尾巴不是金属的，是一种角质轮，是由十分坚硬的皮肤形成的。这种角质膜围成了一个空腔，空腔里面也有两个空泡，是角质膜隔成的环状空泡，就相当于两个空振器。响尾蛇在快速行进的时候，尾巴就会摇动，这样在空泡内就会产生一股气流，气流的一出一进，就会引起振动，空泡也就会发出一些声音。这种声音十分像流水声，可以引诱一些口渴的小动物，这可是它

❖ 响尾蛇

捕捉动物的方法。不过，也有的人认为，响尾蛇的这种发声是用来招呼其他蛇的信号。这种角质轮的生长是不规律的，经过研究，响尾蛇大概一年会长出两轮，因此，通过看轮的多少就可以计算出它的年龄。

响尾蛇的探热功能

响尾蛇经常会成功捕捉到小老鼠等动物，来作为自己的"美餐"。其实响尾蛇的眼睛已经快退化成一个瞎子了，那它又是怎样去捕捉那些行动灵活的小动物的呢？这就引起了科学家的兴趣。经过研究发现，在响尾蛇的眼睛下面分别有一个凹下去的小窝，奥秘就在这里，因为这是一个特殊的器官，它叫探热器，是可以来接收动物身上发出来的红外线的。响尾蛇的这种探热器反应非常灵敏，哪怕温度差只有 0.001℃ 的差别，它都可以感觉到。因此，有小动物经过它的身边时，它可以立即发觉，然后悄悄地到其身边，将其捕获。科学家们根据这个特性，研制出一种导弹，并且以响尾蛇来命名，叫"响尾蛇导弹"。这是一种空对空导弹，这种导弹就像响尾蛇一样，只要周围的温度发生一点点变化，就能够分辨出来。

科学家们表示，任何物体，只要它不是绝对零度，就会辐射出一种我们肉眼看不到的红外线，它是属于电磁波的一种，而且波长比可见光还要长，因为在电磁波谱上面，它是在红光之外的，所以得名红外线。

在夜晚，如果没有可见光，那我们就会什么也看不到，但是，如果给你一个红外线望远镜，你就会惊奇地发现，眼前的景物通过红外线望远镜来观察就像白天一样，什么都可以看到，这靠的就是所有物体辐射出来的红外线。

响尾蛇导弹上面就装备着探测红外线的装置。在空战中，敌方的喷气式飞机会不断地喷出灼热的气流，辐射出红外线，这时响尾蛇导弹就可以向着红外线辐射源的方向，直到追上飞机把它击毁为止。

但是，这种红外制导的导弹并不是无敌的，对付它们也有办法。有一种红外曳光弹，它就是专门对付这种导弹的。它辐射的红外线与喷气式飞机辐射的红外红线基本相同，但是导弹遇上它就会上当受骗的，因为导弹会丢开飞机去追它，结果就是它们两个同归于尽，但是飞机就会安然无恙。

螳螂虾

Part4 第四章

乌贼与烟幕弹

玩过军事游戏的孩子都知道，在即将战败的时候可以扔下一颗烟幕弹然后逃走，其实这是从乌贼那儿学到的。

乌贼属于软体动物，最大的特点就是体内有一个墨囊，里面存储着大量的"黑色墨汁"，这可不是用来练书法的，在遇到伤害的时候，它的"墨汁"就派上用场了，它会连续喷射出"墨汁"，周围几百米的海水瞬间变得一片漆黑，在趁敌人看不到自己的时候，便可逃之夭夭。就因为它会喷出"墨汁"，人们也叫它墨鱼。

乌贼的能力

乌贼身体略为扁平，背部有着各式各样的花纹，能够随意变化。头部上有 10 个由足进化而成的腕，并且每个腕上都有很多吸盘，这些腕就是乌贼平时用来捕捉或者吞食"美餐"的。乌贼的嘴被人们称为"鹦鹉嘴"，它的口内含有一对坚硬的角质腭片，这种腭片十分锋利，平时是缩在

❖ 乌贼

体内的，当"吃饭"的时候，它就会瞬间将食物咬碎并且吞入。其实乌贼是一种有壳的软体动物，之所以看不到它们的

壳是因为已经退化并且转入了体内，形成了内部的硬壳。我们看到的墨鱼骨就是它退化到体内的硬壳。别小看它这内壳，在医学、工农业上都有很好的用途。

乌贼的游泳能力十分强。它通常是靠身体上的鳍在水里自由地游动，它的头部下面有一个喷水的漏斗。它的外套膜十分厚，内部肌肉也很发达，在外套膜的边上有一个叫闭锁器的东西。当它想要进行快速运动的时候，外套膜迅速膨胀，使海水进入外套腔内，接着由闭锁器紧紧密封外套膜口，外套膜的肌肉这时会剧烈收缩，这时在外套腔内具有超强压力的水只能从口下的漏斗里面快速喷出，瞬时间就会产生强大的推力，在这种推力的作用下，乌贼就会快速前进。乌贼快速游泳时的速度可以达到每秒钟 15 米，比一般鱼类要快很多，而且它们还能够通过这种反推动力在水中一跃而起，到了空中可以飞行 6 米高，大约 20 米远的距离，因此，一些人又会称乌贼为"水下火箭"。

乌贼的启示

科学家经过对乌贼的研究发现，乌贼的好多地方都会给人类巨大的启示，具有很高的研究价值。

首先，就拿它的体色来讲，乌贼的身体背部存在着很多可以变色的细胞，这就使乌贼在神经系统的控制下可以任意改变自己的皮肤花纹与皮肤颜色，就像"变色龙"一样，随时与

◆ 变色龙

周围的环境保持一致，而且它们的变色速度也十分快，在危急时刻可以说是"摇身一变"，让敌人和猎物都不易发现，这种功能比我们现代军事上的坦克、火炮的隐蔽色都要好。

❖ 根据乌贼的原理做的烟幕弹

　　它的最大特点还是烟幕弹，它的这种装置可谓巧妙无比，每当遇到敌害的时候，乌贼都会把这个绝招使出来，经常会起到很好的效果。科学家们就把这种装备应用到了现代的军事上。在现代海战中，交战双方经常为了掩护己方舰船的进攻或撤退，释放出一种高效的烟幕弹，用来挡住敌方的视线，这就是模仿乌贼做出的烟幕弹。不仅如此，科学家们还模仿了乌贼喷水的装置，研制出了很多喷水船，这种装置比传统的螺旋桨推动器要高效很多，而且速度可以达到每秒钟 40 米左右，所以也常把它们装备在气垫船上使用，如果应用在军事战船上，那就非常有前途。

❖ 乌贼

会飞的鱼

鱼是一种离开水就不能生存的动物，那你有没有听过一种会飞的鱼呢？

会飞的鱼你也许没有听过，但是"飞鱼"导弹一定有所耳闻吧？这可是在世界上有着很高威望的导弹，被军事家们誉为"海上杀手"。"飞鱼"导弹就是法国的科学家受到飞鱼的启发，研制出的一种空对舰导弹。

现实中的飞鱼

飞鱼是生活在热带海洋的一种鱼，之所以叫它飞鱼就是因为它不仅可以像大多数鱼类一样，在水中游泳，还可以做到其他鱼类做不到的，那就是在空中飞翔。它的飞翔能力主要体现在被"敌人"追击的时候，它可以跃出水面 8～10 米，并且以每秒 18 米的速度在空中滑翔 150～200 米的距离，有时候还可以紧紧贴着海面，进行超低空飞行。法国科学家们就是根据飞鱼超低空的飞行能力研制出"飞鱼"导弹的。这种导弹外形与飞鱼相似，当导弹发射出去后，它是掠海面超低空飞行，

◆ 飞鱼

能够成功躲避雷达的监测，让雷达很难发现这种已发射的"飞鱼"导弹。

飞鱼导弹的威力

1970 年，正式开始研制这种"飞鱼"导弹，在 1973 年，在一种名为"超黄蜂"的直升机上正式进行发射试验，试验结果很成功，并很快投入实战中。在 1982 年的英阿马岛战争中，阿根廷"超级军旗式"飞机成功地躲过了英国驱逐舰的雷达监测，并且在距目标 45 千米的时候成功投下 4 枚"飞鱼"导弹，投出去的"飞鱼"导弹按照运载飞机的指挥飞行，没有丝毫偏差，在距目标大概 10 千米的时候，自动由之前的 15 米降低到 0.5 ～ 3 米，进行超低空飞行，并启动自身装备的雷达导航系统直奔目标，成功地击沉了英国的现代化驱逐舰"谢菲尔德号"与大型运输船"大西洋征服者号"，并且一举击伤了"格

知识小链接

在粉碎德国纳粹党的战争中，德国之所以能够抵抗很久就是因为他们的军事设备先进，其中最有名的就要数"犀牛坦克"了。这是德军根据犀牛的体形、运动速度以及爆发能量等作为参考研制出来的。该坦克威力很大，曾经多次将美国与苏联的坦克一炮击毁。"犀牛坦克"曾经在 600 米的射击距离上从后面击中一辆普通坦克，此坦克的发动机都被炸出车体 5 米以外，由此可见其威力有多大了。

拉摩根号"驱逐舰，它们都是被英国人誉为"皇家的骄傲"的作战设备。"飞鱼"导弹在此战中名气大增。实战成功的事例不仅这一例，在两伊战争中，伊拉克同样从"超黄蜂"直升机投下了"飞鱼"导弹，先后击沉了伊朗一艘快速护

❖ 飞鱼导弹

卫舰与两艘巡逻舰，造成了伊朗的海上重创。之后，这种"飞鱼"导弹就开始广泛应用在海上演习或者实战中。

如此有威力的"飞鱼"导弹到底什么样子呢？它身长 4.09 米，直径大约为 0.36 米，翼长 1.1 米，在众多导弹中可以说是身材小巧玲珑的了。它的身价大约为 20 万美元，可是它击败的往往都是价值不菲的巨大舰艇。尤其是它在击沉英国皇家海军的"谢菲尔德号"驱逐舰之后，立即引起西方军事专家们的高度重视，科学家们的目光都集中于它，对它产生了浓厚的兴趣。

第五章
科技前沿的光电世界

　　我们喜欢看美丽的彩虹，痴迷南北极的极光现象，这些都是由光电或者磁场引起的神奇现象。

　　我们人类在大自然中始终是那么弱小，大自然中那些神奇的现象需要我们经过不断努力才能一一解释。当我们掌握了规律之后，科学家们就会依据规律去研究出一些相同原理的高科技产品。发电机、遥感器、微波炉等，都是通过对大自然的研究找出的灵感，这些高科技产品在工业、农业、航空航天、生产生活等领域都得到了广泛应用。接下来，我们就走进科技前沿的光电世界，不仅可以领略到大自然的神奇，还可以了解高科技产品的原理。

磁化现象

有没有发现，当我们把手机接近电视的时候，电视就会突然发出刺耳的声音，甚至画面不清，这就与电磁有关。

什么是磁化

到底什么是磁化？磁化指的是之前不具有磁性的物质获得了磁性的一个过程。部分物体自身不具有磁性，但是在磁体或者电流的作用下就会获得磁性，这种现象就是磁化现象。

那到底怎样把没有磁性的物体磁化呢？基本的方法有四种：第一，将物体烧到红炽状态，然后放在南北方向进行自然冷却。第二，用磁体的北极或者南极，沿物体向一个方向进行摩擦。第三，在物体上面绕上绝缘导线，然后通入电流，在经过一段时间后取下。第四，将物体与磁体吸引，过一段时间后，物体就会具有磁性了。

在我们使用电脑的环境中，这个环境总是避免不了有用电设备与通电设备。当这些设备一起工作时，就会形成一个电磁源，周围就会形成一个磁场并且会向外辐射出电磁波，形成磁场的大小与辐射的强度是

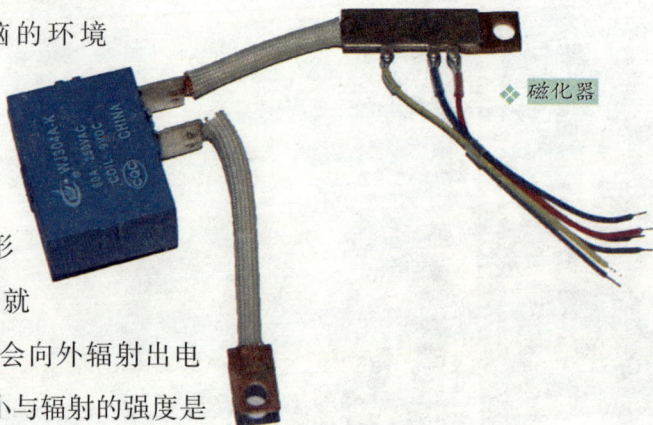

❖ 磁化器

由这些设备的功率来决定的。例如，在手机来电话的时候，就会不断地发射出电磁波，这时我们就会发现显示器的表面会出现扭曲、晃动的现象，画面是无法正常显示的。

磁化的原理

我们如果想了解显示器被磁化这一现象，首先就要知道显示器能显示的原理。显像管的内部电子枪阴极会发出电子束，经过强度的控制、聚焦与加速后，就会变成一些细小的电子流，然后经过偏转线圈作用，向正确的目标偏离，穿过金属板或者金属栅栏，冲击一个涂满了红、蓝、绿三原色荧光粉的内层玻璃，也就是屏幕，这些电子束通过冲击就会使荧光粉发光，因此，就会形成我们看到的图像，这些三原色再经过不同强度的混合，就会形成五颜六色的画面。

与磁化显示器最相关的就是偏线圈了，它主要用于电子枪发射器定位，经过通电后，就可以产生一个强磁场，再通过改变磁场的强度来使电子枪移动。如此一来，显示器周围的那些干扰源对偏转线圈的磁场就会产生影响，也会因此来改变它的强度与方向。当偏转线圈的磁场强度与方向受到了扰乱，就会使电子枪发射器的定位产生偏移，发射出来的电子流自然就不能按规定的轨道行进，这样一来，屏幕就会产生色斑，甚至使画面错乱。

> **知识小链接**
>
> 磁化现象还有可能发生在手表上。但是主要针对的是机械手表，手表机芯的游丝与擒纵机构对磁场最为敏感，不仅是因为它们都是钢质材料的，而且还具有左右的震荡周期，一旦受到磁化影响，就会影响走时的精度。根据磁化程度和方位，所造成的误差大小也有所不同，但是严重的会导致手表停走。

❖ 磁化后的手表

147

■ Part5 第五章

光究竟是什么

许多年来，没有人确切知道光到底是什么物质。英国科学家牛顿认为光是由一些小弹丸似的微粒组成的，他把它们叫作"粒子"。

而荷兰科学家惠更斯则认为光是由一种脉冲或波构成的，并可以穿越整个宇宙。现代科学家发现这两个理论都有道理：光确实像波浪一样向前传播，然而它有时又表现出"粒子"的特征，因而科学家们将这些组成光的物质称为"光子"。人们认为光具有"波粒二象性"。

光的速度

光速是光在真空中的传播速度。光在空气中的传播速度和在真空中一样大，大约是每秒钟 30 万千米；在其他透明物体，像玻璃、水晶和水里，速度则要小好多。世界上的物体千千万万，光是当之无愧的赛跑冠军。光只需 1 秒多钟就能从月球到达地球，只需 8 分钟就能从太阳到达地球。X 射线等射线的运动速度同光速一样快。没有比光和射线的运动

❖ 牛顿认为光是由粒子组成的

速度更快的东西了。光的速度大到每秒钟
能够绕地球赤道 7 圈半，所以光在地球
上传播时，几乎不必花费时间。

毁誉参半的紫外线

位于光谱中紫色光之外的不可
见光，称为紫外线。紫外线的波长
较短，但是能量较大，碰到障碍
物后不容易绕过去，而是被障碍
物吸收。那些容易让可见光通过的
玻璃、水晶，对紫外线可以毫不客
气地挡住，不让它通过。人们在海滨浴场
会很容易被晒黑，这是由于皮肤为了防止
紫外线侵害表皮，而使黑色素沉淀导致的结果。在

❖ 惠更斯

大气上方有一层臭氧层，由于氧分子能吸收一些能量转变成臭氧，同时臭氧
也会放出能量转换成氧分子，因此来自太阳的紫外线就会被吸收掉许多，而
使得照射到地面上的紫外线减少很多，大地上的生物才得以蓬勃地生长。虽
然紫外线会对生物造成伤害，但它具
有可利用的价值，如杀菌灯。这是
由于石英灯（也称为太阳灯）会产
生紫外线，因此可以用来杀菌。实
用杀菌灯采用低压水银灯，以 15
瓦的电力，可在数分钟之间将距
离 50 厘米范围内的赤痢菌、大
肠菌、沙门氏杆菌杀死 99％，
适合有光滑面的容器、器具的
表面以及室内空气的杀菌。同

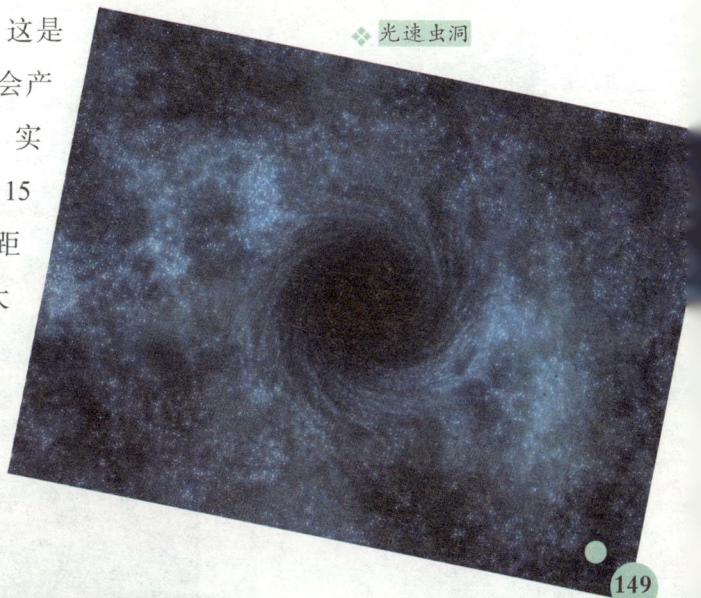

❖ 光速虫洞

时，紫外线还能使物质产生荧光现象，因此紫外线可以应用在鉴定宝石或收集犯罪证据等方面。

奇妙的折射现象

一把汤勺放在盛水的玻璃杯里，汤勺在水面处好像被折断了一样，这就是光从玻璃内折射现象捣的鬼。

折射现象的奥秘

进入介质中的光线叫作折射光线，折射光线与法线（垂直于表面的线）的夹角叫作折射角。光从水进入空气，折射角大于入射角，因此折射光线与原来的入射光线相比，是向下偏折了，折射光线进入人们的眼睛，人们看见的是折射光线的反向延长线的交点，因此，看见的汤勺的每一段都比原来真实的位置要高，整体看来就是向上偏折了。日常生活中，光的折射现象普遍存在：从水面上看游泳池要比真实的浅一些；从水里看岸上的人要高一些；我们戴的眼镜，用的望远镜、放大镜、照相机等都利用了光的折射现象。

缥缈的海市蜃楼

生活中常常会出现一些奇妙的现象。比如，在沙漠中行走的旅客，在焦渴难当之时，常常会看到前方不远处有绿洲、湖水出现，但当他们驱赶骆驼

❖ 海市蜃楼也是折射现象

海市蜃楼

向绿洲奔去时，湖水又莫名其妙地消失了，这其实是大气层所开的残忍的玩笑，人们称之为海市蜃楼。在烈日暴晒的情况下，沙漠温度猛升，接近地面的空气温度升高，密度变小，而上空的空气相对温度低，密度大。尽管存在密度大的空气向下、密度小的空气向上的对流运动，但是由于来不及改变上下密度不均的状况，远处绿洲射来的光线经过密度显著不同的空气层时，将发生明显的折射，使人们看到的绿洲出现在较近处的地面上。在海边也能看到这种美丽的现象，这是因为水的比热比较大，在阳光照射下，海水温度升高很少，接近海面的空气温度也不高，所以密度就大，而海面上空的空气温度容易升高。从远处景物上射来的光线在经过密度相差很大的空气层时，发生明显的折射或全反射而进入人们的眼帘，由于人们习惯认为光线总是以直线传播的，于是人们就能看到原先空空如也的海面上出现了景物。

Part5 第五章

最具魅力的光芒——极光

很多人都知道在南北两极，有一种自然现象叫作极光，这可能是世界上最具魅力的光芒了。

世界各地都拥有美丽的自然景观，在南北极的高空，会出现一种绚丽夺目的光辉，那就是极光。极光经常出现在南北极附近的高空，而且经常是夜晚出现。它们总是那么轻盈地在空中飘荡，发出各种颜色的光芒，有红色、蓝色、绿色等，同时还忽明忽暗，拥有一种神秘的色彩。在自然界中，恐怕还没有哪种现象可以与之媲美了。

绚丽的极光

极光是两极天空中一种变幻莫测的炫目之光，也是南北极地区特有的一种现象。对于这种现象，科学家们有着不同的看法。一种看法认为极光是地球的外面燃起的大火所引起，因为南北极临近地球的边缘，所以可以看到大火，也就是极光。另一种看法认为在红日西沉之后，经过透射反照形成的光辉就是极光。还有一种看法认为南北极天气寒冷且冰天雪地，这些冰雪白天吸收太阳光，到晚上将白天吸收的光释放出来，这样就会形成极光。在20世纪60年代，科学家们

❖ 极光

把卫星探测结果、火箭探测结果与地面探测结果三方面的资料集合起来，最终科学地解释出极光形成的原理。

❖ 极光

极光的形成

极光的出现与两方面有关，一方面是与地球高空中的大气和地磁场的大规模互相作用有关，另一方面是与由太阳喷发出来的高速带电粒子相关，也就是我们所说的太阳风。所以这样来看，极光的形成就与大气、磁场还有太阳风这三个条件分不开了。具有这三个条件的行星还有木星与水星，

因此它们的周围也会产生极光，所以这就又一次验证了这三个条件是形成极光必不可少的条件。

地磁场主要分布在地球周围，被太阳风包裹着，形成一个棒槌形状的胶体，科学界称它为"磁层"。简单地形容一下，我们把磁层看成一个放大的电视机显像管，当它进入高空大气时，太阳风粒子流就会聚集成束，然后聚焦到地磁的极区，极区大气就像显像管的荧光屏，而极光就是屏幕上移动的图像。但是由于这里的"电视屏幕"太大，直径足足有4000千米，所以，地面上的观众就只能看到画面的五十分之一。在显像管中，电子束不断地冲击着屏幕，但是屏幕上没有发光物质，所以屏幕就会发射出光，显现成图像。同时，来自空间的电子束会射到极区高空中的大气层，也会激发大气里的分

子与原子，引起发光现象，人们便可以看到极光的出现。在极光产生时，极光的显示与运动，则是由于粒子束受到磁层中电场和磁场变化的调制导致的。

极光拥有神秘的色彩，它不但是光学现象，还是无线电现象。它能够辐射出一些无线电波，可以用雷达进行探测与研究。另外有传言，极光还可以发出许多种声音，这个想象还需要去深入研究。

还有的科学家表示，极光耀现主要是由一种叫作"磁重联"的现象导致的。磁重联理论认为，磁层亚暴发生在地球磁层强烈扰动时，并且将持续 1~2 小时，发生的区域距离地球大约 12.8 万千米。

在极光发生区域，地球磁层的两个磁场的磁力线因为贮存太阳风能量的原因而相互靠近。当这两者之间达到一个临界值的时候，磁力线就会重新排布，导致磁能转化为动能与热能，这种能量的释放就会使极光瞬间变得特别明亮斑斓，极具魅力。

知识小链接

同样是光现象，海市蜃楼也有着神秘的面纱。它的形成原理就是地球上物体反射的光经大气折射而形成的虚像。海市蜃楼主要是由于不同空气层有不同密度，而光在不同的密度的空气里面又有着不同的折射率。也就是由于海面上冷空气和高空中暖空气之间的密度不同，光线折射就会产生。因此，这种现象多在海边发生，内陆是很少发生的。

◈ 极光

无处不在的电磁场

在我们的世界里，磁无处不在，所以磁场也会无处不在，接下来就看看这无处不在的磁场。

什么是磁场呢？磁场就是指有内在联系或者互相联系的电场与磁场的统一体的总称。静止的电荷能产生静电场，静止的磁偶极子能产生静磁场。运动中的电荷就是我们所说的电流，而电流就会产生磁场与电场。固定的电荷与电偶极化物质的周围会建立起电场。知道怎样去感受电场的存在吗？不知道有的小朋友是试过没试过，当我们的身体靠近电视屏幕或者电脑屏幕时，我们就会突然感到毛发耸立，有一种吸住的感觉，这就是电场的作用。磁场是由于电荷的运动产生的，电流越大，磁场就会越强。我们通常所说的"场"指的是空间中的一个区域，进入这个区域的物体都会体会到力的作用。例如，我们生活在地球重力场中，也生活在地磁的磁场里，当电闪雷鸣时，我们又会笼罩在强大的电场中。

电场与磁场是相互作用、相互产生的，随时间变化的电场就会产生磁场，

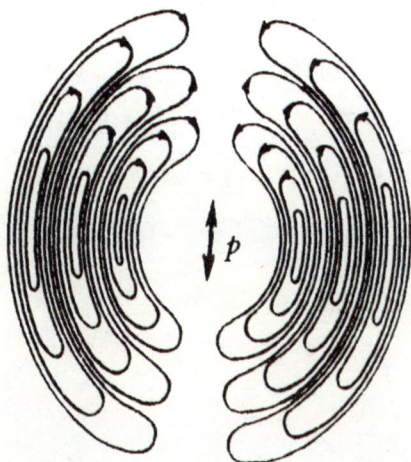

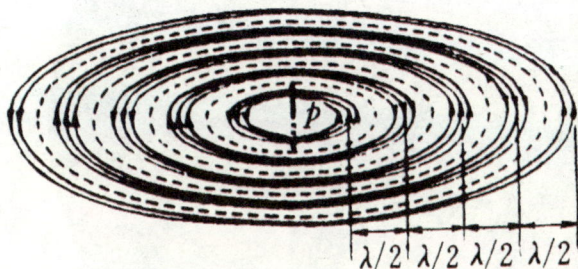

同样的道理，随时间变化的磁场就会产生电场，就是因为这种因果关系，才会形成电磁场。电磁场可以由变速运动的带电粒子来引起，也可以由电流的强弱变化来引起。而且，电磁场会以光速向四周进行传播，从而形成电磁波。

指南针在我们的生活中起着重要的作用，尤其是对那些探险家来说。指南针之所以可以精确地指出南北的方向，与磁场有着密不可分的关系。地球是个大磁体，其地磁南极在地理北极的附近，地磁北极在地理南极的附近。指南针在地球的磁场中受磁场力的作用，所以才会一端指南一端指北。

电磁场是电磁作用的媒递物，具有能量与动量，是物质存在的一种形式与统一整体。电场与磁场就是它紧密联系，而且相互依存的两个侧面。变化的电场产生磁场，变化的磁场产生电场，变化的电磁场以波动的形式向外传播。电磁波则是以有限的速度在传播，具备可交换的能量与动量。例如，电磁波与实物的互相作用、电磁波与粒子的互相转化等，都可以证明电磁场是客观存在的物质，它的特别之处就是没有质量。电磁场的性质、特征以及其运动变化规律是由麦克斯韦方程组来确定的。

电磁场是随着时间变化而变化的，在这个过程中，时变的电磁场和静态的电场与磁场是存在明显差别的。时变会引发一些效应，这些引发出的效应有着十分重要的作用，应用它可以快速推动电工技术的发展。

电磁感应定律是由著名的物理学家法拉第提出的，这个定律告诉我们，磁场的变化会产生电场，所产生的电场还能够推动电流在闭合的导体回路中流动。这是一个伟大的定律，应用这个定律，我们可以研制出许多电力设备，如发电机、变压器等，这些都与此有着分不开的联系。

❖ 指南针

■ Part5 第五章

隐形杀手——电磁辐射

从小就会听到妈妈让爸爸少吸烟，吸烟对身体没好处，我们也听说过吸烟就是慢性自杀，其实还有一个"杀手"隐藏在我们周围。

当我们在欢乐地玩电脑、玩手机的时候，却始终不知道有一个"杀手"在慢慢攻击着我们，它就是电磁辐射。电磁辐射属于"电子烟雾"的一种，它与电磁场一起对我们的身体造成危害，在高科技时代的今天，电磁辐射是损害我们身体的主要形式。

❖ 检测电磁辐射的仪器

"隐形杀手"的真面目

把电磁辐射往大了讲就是指电磁波频谱，往小了说，电磁辐射是指所有电器设备所发出的辐射波。辐射可以分为三种形式，分别是游离辐射和有热效应的非游离辐射以及无热效应的非游离辐射。总的来讲，电磁辐射是一种传递能量的方式。

电磁辐射为什么对人体会产生伤害，罪魁祸首是它的三种效应，即热效应、非热效应与积累效应，它们会危害人体机理。我们来分别介绍一下这三个效应。

首先是热效应，我们都知道，人体内的水分占到人体 70% 以上，所以我们身体内拥有很多的水分子，当这些水分子受到电

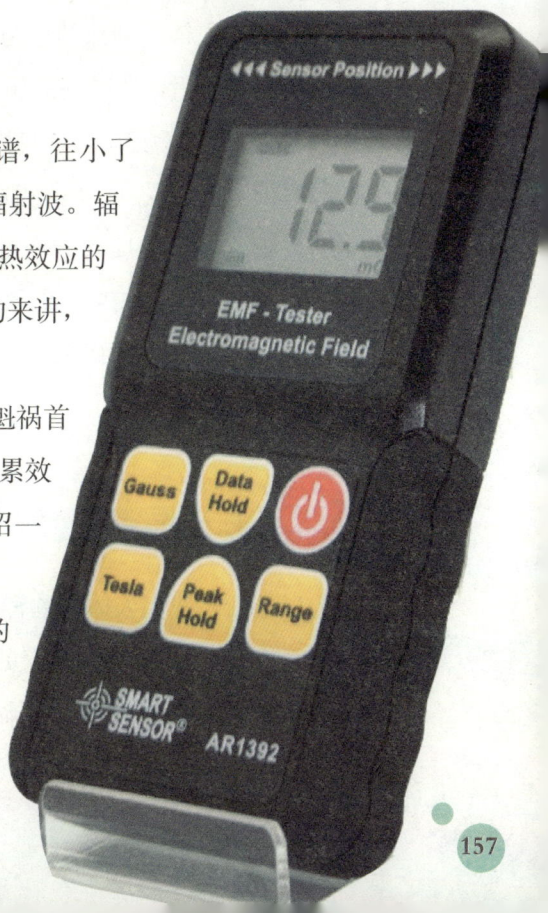

我们要时刻注意防止电磁辐射。对此，提出几个建议。首先，不要把家电摆放得过于集中，或经常一起使用，特别是电视、电脑、冰箱等电器最好不要摆在卧室里。对于各种家用电器、办公设备、移动电话等要避免长时间操作，使用时，要保持一定距离。多吃一些维生素食品，可以增强我们抵抗辐射的能力。

磁辐射时，它们就会相互摩擦，一摩擦就会导致机体的温度升高，温度突然升高，就会影响我们身体其他器官正常的工作，这也就是热效应带给我们的危害。

接着是非热效应，非热效应跟电磁场有关，我们人体的器官与组织都存在着微弱的电磁场，在不被干扰的情况下，这些电磁场是稳定有序的，然而当人体受到电磁辐射后，这些电磁场也就受到了外界的电磁波干扰，一直处在稳定有序的状态下的电磁场就会遭到破坏，它受到破坏，我们人体的正常循环机制也就受到了破坏。

❖ 防电磁辐射的植物——仙人掌

最后是累积效应，从它的名字来看，我们就可以知道，这是一个累积的过程。当人体受到热效应与非热效应的作用后，所受到的伤害不可能会迅速恢复，当自我修复还没完成，就又受到了电磁辐射的危害，那么伤害程度就会变得严重，并且不断累积，如果长期累积下去，就会导致永久性的病态，严重的还会危及生命安全。

电磁辐射的危害

电磁辐射对我们人体的危害有哪些呢？经过各国科学家们的不断研究表明，长期接受电磁辐

射会导致我们人体的免疫力下降、新陈代谢紊乱、记忆力减退、提前衰老、视力严重下降、皮肤出现斑点或者变得粗糙，严重的还会致癌等。另外，长期受到电磁辐射可导致孕妇流产或畸胎。

❖ 电磁辐射对人的危害

所有的电子设备都会产生电磁辐射，并不是功率小、体积小、频率低的电子设备就不会产生，只不过是相对来说产生的电磁辐射比较少而已，这一点我们要清楚。因此，长期应用电子设备的人群要提高警惕，注意保护好自己的身体，以免引起严重的后果。

❖ 电磁辐射实验部

Part5 第五章

离不开的**发电机**

我们的生活已经离不开电，在炎热的夏天，停电是件痛苦的事，这时要是有一台发电机该有多好。

发电机的产生

发电机的发明原理是电磁感应。电磁感应的定律是由法拉第发现的，并且他坚信，根据这一定律一定可以产生应用于实际的发电机。就在法拉第发现电磁感应定律的第二年，另一位科学家皮克希应用此定律，发明出来世界上最早的发电机。

皮克希的发电机是把线圈固定住，然后转动磁铁，但是转动磁铁比较不方便，而且转起来很不灵活，线圈里的电流还十分小，达不到发电的效果。为了解决这种情况，他想办法将磁场进行固定，然后改为转动线圈，再增加线圈的数量，并且让它们错开，将变化的电流一起引出，这样就会使输出电流的强度控制在一定范围内。

从最简便的发电机产生到今天，相继出现了

❖ 现代发电机

许许多多的发电形式，我们经常听说的有风力发电、火力发电、水力发电、潮汐发电、原子能发电等。发电机的构造也越来越完善，体积越来越小，效率越来越高，但是，各种形式的发电机都离不开两样东西，一个是磁铁，另一个是闭合的导体。

有一种发电方式叫潮汐发电，它不像火力发电那样，产生许多污染气体，它类似于水力发电，但比一般的水力发电效率要高。潮汐能是一种清洁、不污染环境、不影响生态平衡的可再生能源。潮水每日都会涨落，周而复始，取之不尽，用之不竭。它完全可以发展成为沿海地区生活、生产与国防需要的重要补充能源。

发电机的结构

发电机的形式是多种多样的，但是，任何一种发电机，它的工作原理都离不开电磁感应定律与电磁力定律，所以，各种形式的发电机结构也大同小异。构造原则一般为，适当的导磁与导电材料构成磁路与电路，然后互相进行电磁感应，从而产生电流，最终达到能量转换的目的。发电机通常由四个部件构成，分别是定子、转子、端盖与轴承。定子主要由定子铁芯、机座、线包绕组等组成。转子主要由转子铁芯、护环、滑环、中心环、风扇等组成。端盖与轴承是用来连接与组装定子与转子，让转子在定子中进行旋转，做切割磁力线运动，以此产生感应电势，再通过端子引出，接到回路上，这就是产生电流的整个过程了。

发电机有两种，一种是直流发电机，另一种是交流发电机，交流发电机还可以细分为同步发电机与异步发电机。交流发电机也有单相发电机与三相发电机之分。

❖ 风力发电机

　　从发电机发明的那天起，我们的社会就又向前迈进了一大步。电力得到了广泛的应用，这就促使各种电器的发明，最有代表性的就要数爱迪生发明的白炽灯。从此，人类进入了电气化时代，社会不断向前进步。

❖ 潮汐发电机

❖ 火力发电厂

堪称火眼金睛的遥感技术

孙悟空的"火眼金睛"可以看清妖怪的任意变化，我们现代的遥感技术也拥有一种"火眼金睛"。

遥感技术的定义

到底什么是遥感技术？从名字上去理解，遥感就是在很遥远的地方去感知一个物体或者地区的概貌性质与发生变化的规律。人眼的感知能力是有限的，无论是从距离还是其他方面都会受到限制，所以人们只好借光学、电子学与电子光学探测仪这些现代高科技研究成果来弥补人类眼睛的不足，把我们的视力范围成千上万倍地延伸。

所有的物体都会发出辐射能量，因为任何物体都具有温度，不可能会是绝对零度。每个物体的温度不同，因此，发射出来的电磁波波长也会各有不同。同样，辐射源所发射的电磁波的波长有所不同，物体自身对这些波长的电磁波的吸收与反射也会有所不同。这也就构成了物体所特有的反射、吸收与发射辐射的波谱特性。这也就表明，不同的物

❖ 遥感固定仪器

体，其电磁波的波谱特性也各不相同。遥远距离的物体所辐射出来或反射出来的电磁波信号，就会被这些仪器接收并且记录下来，再经过一些加工处理，变成人眼能够直接识别的图像，这样就可以对所探测的物质的性质与变化情况进行研究与认识了。我们把这种技术就叫作遥感技术。

遥感技术的应用

遥感技术有着十分广泛的作用。遥感仪器主要是用来接收目标或者背景辐射的电磁波，并且将它接收到的电磁波信号转换为电信号，并且进行记录与贮存。接着，将遥感仪器获得的并且经过处理的信息以电信号输送的方式送回到地面的接收平台，或者是将图像胶片直接进行回收，再用扫描传真的方式发送到地面接收平台。然后利用遥感仪器或者别的实验设备进行多次观测与扫描，进行观察比较，找出目标不同于其他景物的特征，如明暗程度、色彩差异、信号强弱等不同。这样就可以找出目标本身特征所导致的遥感信息上的差异，为最终的判断积累了资料并且提供了依据。

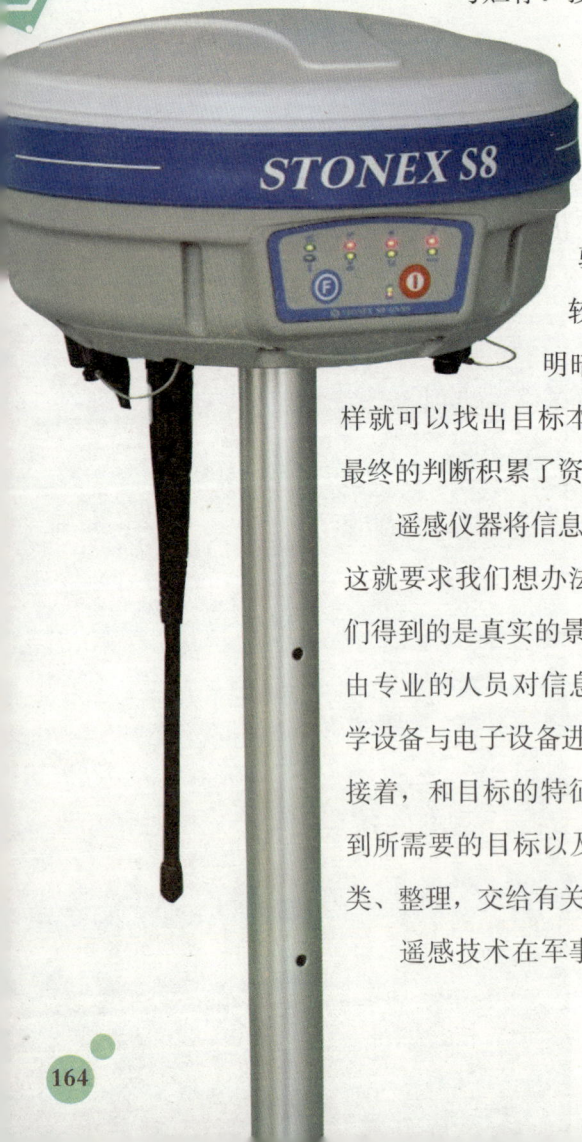
◆ 遥感移动仪器

遥感仪器将信息传到地面的时候，有可能出现某些误差，这就要求我们想办法来避免这些误差或者虚假信息，保证我们得到的是真实的景物图像或者真实无误的信息。接收之后，由专业的人员对信息或图像进行判读与分析，或者是借助光学设备与电子设备进行判读与分析，这样准确率就会高一些。接着，和目标的特征进行对照比较，并且从复杂的背景中找到所需要的目标以及特性情况，最后，将最终的结果进行分类、整理，交给有关部门进行存档，以便我们日后研究使用。

遥感技术在军事上有着超强的作用。遥感技术可以使我们随时监视地面、空中、海上以及海下各种军事目标的情况。如机场、炮兵阵地、导弹基地、军事调动、地下导弹发射井、潜水艇、舰艇等，这些都可以在遥感的监视范围内。

除了在军事方面，遥感技术的优点依然很多，它的调查面积大、周期短，而且可以及时、准确地反映出动态变化，被广泛地应用在地质、农业、林业、水文、海洋、大气及环境保护等许多民用的领域。遥感技术的发展还为地球表面大规模的勘测、土地利用、地图绘制，监视农作物生长情况与病虫害、森林与草场的火灾蔓延、河流的污染情况，调查森林、荒地、草地、水力与地热资源，观测海洋变化、海水运动、河床演变、洪水泛滥、地震以及火山活动等大部分 动态变化提供了依据。

知识小链接

中国的遥感事业虽然起步水平低，但是发展速度很快，目前已经达到世界先进水平。在1970年，我国成功发射第一颗自行研制的人造卫星，从此正式进入遥感的研究工作，1975年，通过返回式卫星得到卫星图像，20世纪80年代，将遥感技术列入国家重点科研项目，并随即发射了气象卫星与资源卫星，随后进入了快速的发展时期，将遥感技术应用到各个领域。

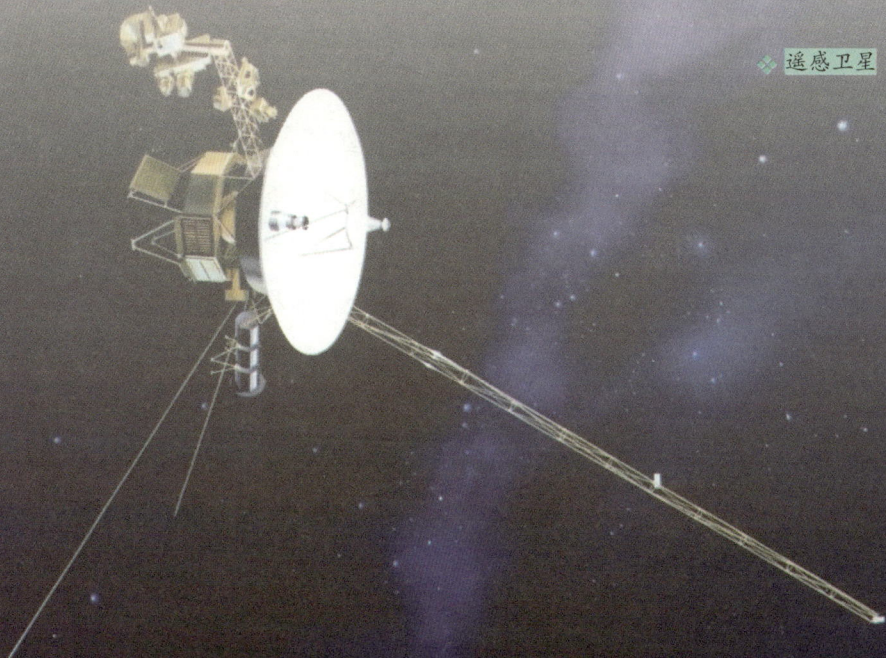

◈ 遥感卫星

微波的诸多用处

微波炉的出现，给我们的生活带来了方便，其实微波并不是只能用来加热，它的用处颇多。

因为我们一般都是从微波炉上了解微波，所以会认为微波只能用来制作微波炉，其实不是这样的，它在很多领域都有自己的用武之地。

在食品工业方面，微波可以对食物进行消毒杀菌，对方便面和饼干可以进行快速烘干，对冷冻食物能够进行快速解冻加热，对蔬菜和水果还能进行脱水，而且十分方便、快捷。如今利用微波功能制作的微波炉已经走进千家万户的厨房，用它来做一只烧鸡仅仅需要 10 分钟，炒半斤花生米只需要 1 分钟左右，极大地节省了时间，而且，用微波炉做饭与炒菜可以将维生素的破坏降到最低，营养元素基本不会流失。

在工业生产上，微波加热的功能可以应用在纺织、橡胶、造纸、皮革、烟草与胶片等产业，主要是用来去湿干燥、快速黏合与杀菌等，大大地节省了时间，并且提高了效率。

在农业生产中，微波加热能够用来烘干粮食、棉花、茶叶、烟叶、种子以及其他农作物。这个过程不仅是为了干燥这些谷物，在干燥的同时还能杀死种子里的虫卵，通常情况下，当加热到 60℃时，就可百分之百地杀灭谷物中的害虫与病

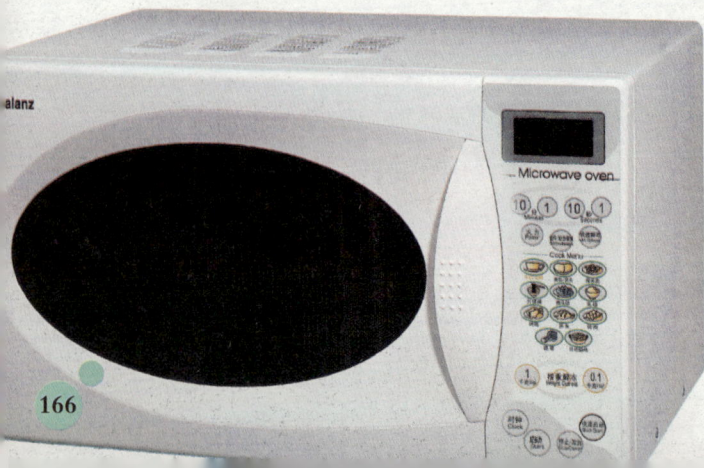

❖ 微波炉

微波技术应用处在一个关键的历史转折点，即从一般的加热干燥向各行业高科技获得实际应用发展。目前，我国已经在微波等离子体微波辅助催化化学反应、微波处理材料、微波生物和生理效应等方面获得了很多科研成果。现在要做的就是尽快将这些科研成果推向产业化，这必将对我国的经济建设起到很大的推进作用，并产生令人瞩目的经济效益。

菌；利用微波辐射还能够培育出农作物的新品种，加速胚芽的发育，从而提高发芽率。受到微波照射后的农作物可以耐寒，并且苗壮成长。

在油脂工业上，微波能够用来熔化油脂，并且可以精炼鱼肝油等。

在医药工业上，微波可以用来进行药品脱水、酵化、糊化、浓缩等。

在医疗中，微波也有自己的用武之地。因为微波对人体的辐射能量能够深入皮下组织进行选择性的加热，所以含水分较多的组织就会比含水分较少的组织升温快，这样就可以加剧这些组织的新陈代谢，并且加速血液循环，从这方面来看，微波对治疗关节炎与风湿病比较有效。我们还可以利用微波辐射在人体内的反射特性以及传输特性，不仅能够对心、肺进行监测，对肺气肿以及肺水肿病人做出准确判断，还能够用来研究人体的胸腔运动等。利用微波还可以制作成微波热像仪。这种仪器可以把被测部位的温度的分布情况，通过计算机处理获得清晰的彩色热像图后在荧光屏上显示出来，进而检测出被测部位的病变情况和其他仪器不能检测出来的疾病。

例如，对于较深部位的脑肿瘤，红外热像仪通常是无能为力的，但利用微波热像仪就可以清晰地探测出头颅深部的情况。微波在外科手术中的作用也是十分重要的，对于需要切除的部位，用适当波长的微波快速地照射几分钟，这个区域就会完全凝固，这时进行手术切除，既不会出

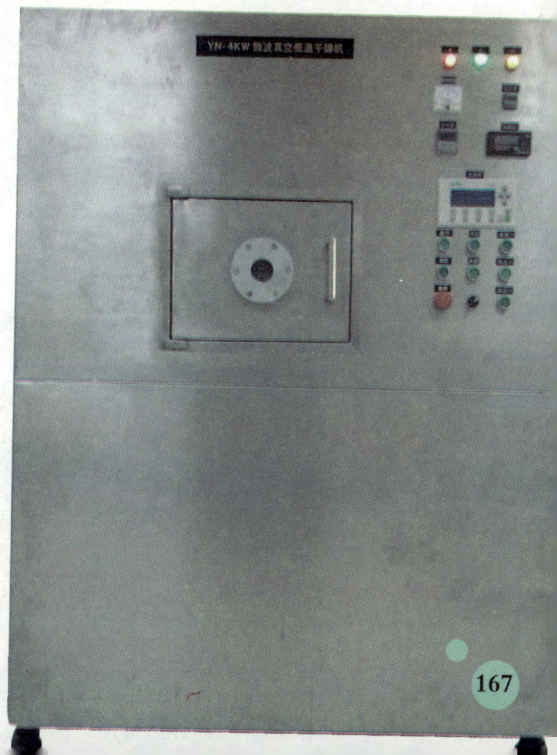
❖ 微波干燥机

血、也不需要杀菌消毒，甚至不需要缀合或者结扎。如今，许多大型手术都会利用这种方法。

在军事上，利用微波，科学家们研制出了微波通信、微波雷达与微波扫描等设备。不仅如此，还有破坏性的微波武器，那就是利用强烈的微波电磁场，它所产生的电磁"噪声"，扰乱现代军事通信设施与仪表中的敏感元件或者电子电路的工作，对它们进行破坏，甚至使它们处于完全瘫痪的状态。

在当今科学研究过程中，微波加热已经应用在研究物质的高温反应与微波感应等离子体等。经过高强度微波加热的等离子体具备特性稳定、密度高、约束时间长与储藏能量大等诸多优点，所以科学家们已经将微波加热与其他等离子体加热方式结合起来，应用在研究受控核聚变问题上。

微波虽然发展的历史不是很长，但是由于它的优点十分多，所以人们对它产生浓厚的兴趣，并且做了较深的认识，使微波的应用范围变得如此广泛。随着科学技术的进步与发展，微波将会在更多领域中占据自己的一席之地。

❖ 微波治疗仪

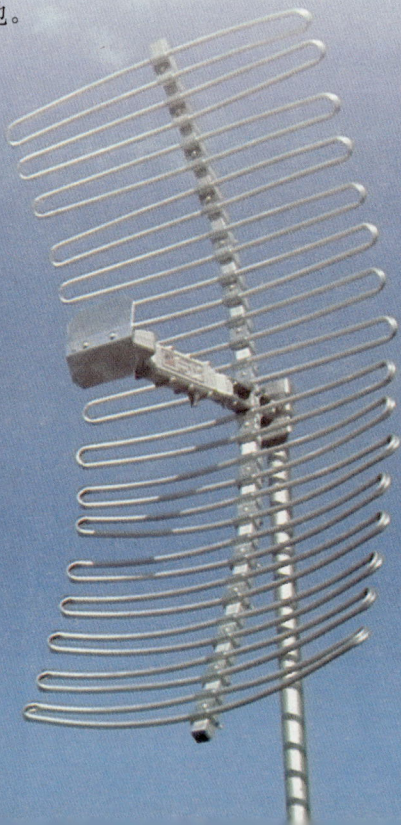

❖ 微波天线

Part5 第五章

光、电、磁

GUANG DIAN CI

用哲学思想来讲，世界上任何两个物体之间都是有联系的，那光、电、磁的联系是什么呢？

从表面上来看，光、电、磁这三种物质好像不存在什么交集，但是实际上，它们有着十分密切的关系。早在19世纪，苏格兰的物理学家詹姆斯·克拉克·麦克斯韦就提出了一个理论：光是一种电磁放射物。刚开始提出时没有人赞同这个观点，但是在几年后，一位科学家通过对电磁放射物的深入研究后，对他的理论表示了赞同，并且大力宣扬，这个人就是德国著名物理学家海因里希·赫兹，从此，这个结论逐渐获得科学界的认可，光确实是电磁放射物的一种表现形式。

光在我们的生活中有着相当重要的作用。原因就是它是我们视觉所必需的条件。视觉是我们人类的主要感觉之一，大脑活动能力的大部分是由它构成的。我们人类大脑的绝大部分的复杂功能是在大脑皮层的区域中进行的，这是我们大脑表面的一组细胞层，而且我们人类大脑中，一半的大脑皮层在某种意义上都与视觉有着或多或少的联系。

眼睛是视觉的主要器官，只有眼睛对光敏感，视觉才会形成。在2000年前，当时的科技不发达，生

❖ 光

产生活落后，那时的人们觉得眼睛之所以可以看见周围的东西，是因为眼睛自己会产生光，这个说法显然是不科学的。我们的眼睛是在接收光，并不是自己能产生光。所有可以自己产生光的物体，都是可见的，如太阳、电灯。因为它们所发出的光可以被我们眼睛所捕获。那为什么我们也可以看到不发光的物体，比如说一本书，或者一张桌子，这是因为它们可以反射光，反射的光被我们的眼睛所看到。假如一个物体，自己不会发光，也不能反射光，我们的眼睛是不会看到它的。

知识小链接

在科学发展的过程中，不少人对光的本质有着各自的看法。其实，我们可以认为光就是电磁波的一种。电磁波的波长范围很广，但是光的波长范围就包括在其中，光又有区别于一般电磁波的特性，所以，我们可以说光具有波粒二象性，也就是指光既具有波的特性，如干涉、衍生等现象，同时又具有一般粒子束的特性。

光的传播速度是非常惊人的，在过去，人们认为光是可以瞬间从一个地方传播到其他地方的，也就是说人们认为光的速度是无限的，甚至比孙悟空一个跟头十万八千里还要快。这都是人们的想象。光是有自己明确的速度的，它并不是人们所说的无限速度。在真空条件下，光是以每秒钟 30 万千米的速度传播，在地球大气层环境中，海平面的光速会稍微慢一些，但每秒钟也很接近 30 万千米。这个速度并不是不会变化的，在密度越大的环境中，它的传播速度就会越慢，但在我们现在生活的环境中，光的传播速度出奇地快，这点是我们深有体会的，这也就是平时我们看到光穿过一条街道或是从一个房间照射到另一个房间中，看起来根本不需要时间，连一眨眼的工夫都不要。其实这个过程我们肉眼来看是瞬间的，但是经过精密的计算后，就会知道其实并不是瞬间的。例如，光从太阳到地球需要 8 分钟的时间，从半人马座 α 星到达地球就会需要 4.3 年的时间。

磁放射物形成一个光谱，是需要多种形式的。要想区分这些光谱的形式，主要就在于这些射线的频率。频率是用来衡量一个周期性的事件，随着时间变化的次数的尺度、振动或者波，在 1 秒内可以经历几个周期，频率的单位名称是赫兹。

电磁放射物是由随时间变化、穿越空间的电场与磁场构成的，但是，这些场又是怎样产生的呢？一种方法就是要使电荷加速运动。这其实就是电荷运动所产生的结果：当电荷的速度发生改变时，它们就会放射出射线。比如说，这些奇怪的射线有时候可以在极北或极南纬度的高空中见到，它们是穿越空间时受到地球磁场作用后的电荷发出来的，也就是我们所说的到南北极光。当原子中的电子改变位置时，或者是当白炽灯中的电流通过炽热的细灯丝时，光就会产生。

❖ 太阳光

蓝色天空

在我们很小的时候，家长、老师就会告诉我们天是蓝的，草是绿的，但是，谁曾疑问过，天为什么是蓝的呢？

夏季是多雨水的季节，在下过一场大雨过后，观察仔细的人就会发现，这时的天空格外蓝，好像雨水把它冲洗了一遍似的，是那么清澈透明，令人心旷神怡，那这到底是为什么呢？

蓝色天空的奥秘

大气本身是没有颜色的，天空之所以是蓝色的，那是因为在天空中的大气分子、水滴、冰晶等物质与太阳光一起勾勒出来的蓝色天空。

当阳光进入大气的时候，波长比较长的色光，例如红色，它的透射力是很强的，它能够穿过大气，直接照射到地面上来。而波长相对较短的色光，例如紫色、蓝色、青色，它们的透射力就不是那么强了，它们就会碰到大气分子、水滴、冰晶这些物质，然后就发生了散射的现象，被散射的这些光布满了天空，这样就会使天空呈现出一片蔚蓝的景色了。

那同样是反射，为什么不是紫色或者青色呢？首先我们要知道，我们周围的事物之所以会显

◆ 蓝色天空

出颜色来，是因为阳光照射着它们，我们看到阳光都以为它是白色的，其实并不是这样，彩虹的七种颜色在阳光里都是存在的。但我们为什么只能看到蓝色？

其实这个很好解释，我们可以先把光线想象成波浪，光就是像波浪一样进行运动，假如一个水滴滴在一个水洼里面，这时就会产生一圈圈的小波浪，并且是越往外扩越大。但是你们有没有发现，当这些向四面八方扩展的波浪碰到障碍物时，它们就会反弹回来，因此，波浪就会改变方向。

阳光从天空照射下来的过程中，也会碰到很多障碍，光穿透的空气并不是空的，里面有着很多微小的物质，大部分是氮气与氧气的分子粒子，还有少部分的气体微粒，它们来源于汽车废气、工厂烟雾或者是火山爆发出来的岩灰。虽然这些微粒十分微小，但是依然会引起光线的方向改变。

蓝色天空的原理

我们接着举刚才那个例子，当小波浪遇到石子这些障碍物后，就会改变方向，但我们试想一下，如果是那些巨浪呢？它们碰到小石子是不会改变方向的，会畅通无阻地继续扩散。光波就好比这波浪，也是有大有小的，颜色不同的光，其波长就会不同，波长的长短就好比波浪的大小，我们的肉眼是不能看到颜色的波长的，因为它们极其微小，只有一根头发丝的1%，只有用十分灵敏的测量仪器才可以准确测定。

经过精密仪器的计算，蓝色光与紫色光的波长在光谱中算是小的，也就是说它们就相当于那些小波浪；红色光与橙色的光在光谱中的波长较长，就相当于那些"大波浪"，当它们穿过天空的时候，就会碰到一些障碍物，就相当于"小石子"，这时，红色、橙色的光可以直接穿透过去，而蓝色、紫色的光就会受到阻碍，最后被散射得到处都是，布满整个天空，同时又因为紫色比较浅，所以，整个天空就会呈现出蓝色。

我们知道了这种散射的过程后，就可以解释很多"天象"了。例如，有时我们会发现，在我们头顶上方的天空是蓝色的，但是在遥远的天地相接的地方，天空却是白色的。这就是因为你头顶的天空与地天相接的天空还存在一些距离，所以就会经过进一步的"阻碍"，不断地散射，最终颜色就会变得很浅很浅，成为淡蓝色，我们看上去就好像是白色一样。

还有在太阳落山时，天空不再是蓝色的了，而显现出红色，而且正在下落的太阳也变成了暗红色，其实这是同样的道理。因为傍晚的光在照射到你的地方的路上会遇到很多的微粒，使阳光中的紫色与蓝色向四面八方散射出去，只留下了一点我们肉眼可以看得见的橙红色光线，因为它们的波长长，所以可以穿过障碍，因此我们就会看到晚霞。

细心的人会发现，天空在落日后依然会在一段时间内呈现深蓝色。其实导致黄昏时出现蓝色天空的，是一种特殊的物质。这种特殊的物质在离地球表面20~30千米的高空，它们聚集成厚厚的一个层面，就是臭氧层。太阳光在下落的过程中要经过这层气体，而这层气体就好像一个过滤器一样，它会截获太阳光中的黄色与橙色的部分，但是不会对蓝光进行截获。所以，我们就会看到深蓝的天空。

知识小链接

在雨后的天空，经常会出现彩虹，这些美丽的彩虹是怎么形成的呢？彩虹是太阳光穿透雨的颗粒时形成的。原本光是直着照射与传播的，但太阳光在通过雨的颗粒时就会发生折射。此时，由于光折射的角度因颜色而各异，所以七种颜色会以各自不同的角度发生折射。七种颜色还会很漂亮地排列起来，这就是彩虹。

◆ 雨后天空中出现的彩虹

■ Part5 第五章

看不见的光

我们经常会听到这样的说法，炎炎烈日一定要防止紫外线啊！可有谁又见过这种光呢？

在光的色散实验中，太阳光照射到棱镜上，透过棱镜，照射到白色的光屏，就会形成由七种颜色构成的彩色光带，把它们按照红、橙、黄、绿、蓝、靛、紫的顺序排列起来，就是我们所说的光谱。光谱上的光都是可见光，也就是用肉眼可以看到的，还有两种光是我们看不见的，它们就是红光外侧的红外线与紫光外侧的紫外线。

红外线

❖ 红外线夜视仪

在我们的日常生活中，红外线是很常见的，我们都知道电视机遥控器的前端有一个可以发光的二极管，按下不同的按钮，它就会发出不同的光波，通过这种方式来实现对电视的遥控，这种光就是我们看不见的红外线。

红外线最早是由英国的天文学家赫歇发现的。他在研究光谱里各种不同的色光的热效应时，惊奇地发现，把温度计移到红光的区域外侧时，温度就会很快上升，因此，我们就把这种辐射称为红外线。

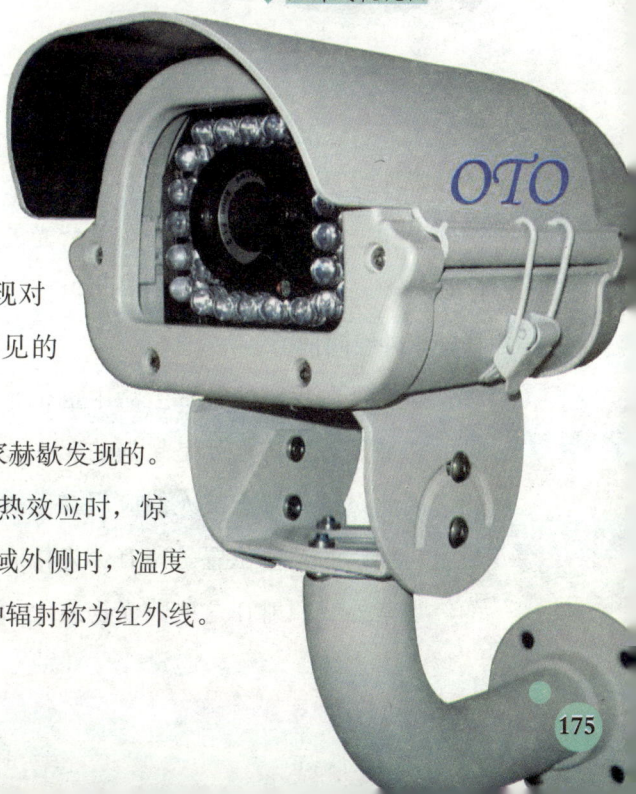

红外线最重要的特征就是热作用强，这也是它最大的优点。一般情况下，物体的温度越高，那么它辐射出来的红外线就会越多。科学家们根据这个原理研制出了红外线夜视仪，此仪器就可以使我们的肉眼在黑暗的环境中，清楚地分辨出物体。科学家们同样研制出一种红外线生命探测仪，这种仪器主要应用在抗震救灾中，可以救出埋在废墟下的生命。

红外线同时还具有比较强的穿透云雾的能力。首先利用红外探测器可以灵敏地吸收物体发出的红外线，再利用电子仪器对吸收来的信号进行处理，就能显示出被测物体的形状与特征，这个过程就是红外遥感。我们利用红外线遥感技术能够做到监视森林火灾、预报风暴与寒潮等。

◆ 红外线探照器

紫外线

紫外线是由德国的化学家在一次光谱实验中，将照片的底片放在了紫光的区域外侧，结果底片居然感光了，就这样，紫外线问世了。

紫外线在我们的日常生活中也很常见，它最显著的特点就是超强的荧光作用。因此，这一特点被人们应用在验钞机上。钞票的某些位置是印有荧光标志的，当紫外线照射在这些荧光物质上面

知识小链接

红外线现在多用于军事方面，例如红外线望远镜，它是在夜间使用的，可以在密林里很轻易地发现人或动物。红外线望远镜主要是通过光电转换，把红外线转换成电子流，再使电子倍增，最后电子就会打在荧光屏上，变为可见光。只要有温度的物体，就会产生红外线，因此，通过这个特殊的望远镜，我们就能看到肉眼看不到的物体。

它们就会发光，显示出图案或者数字。同样利用紫外线的这种性质还可以鉴别一些古画。紫外线同样具有很强的生理作用并且可以杀菌。在现代医院的一些手术室与病房中，经常利用紫外线灯来进行杀菌。太阳光是紫外线的重要来源，有些人喜欢晒太阳，因为紫外线可以帮助我们人体合成维生素 D_3，维生素 D_3 对维持体内细胞钙离子浓度与调节钙磷代谢有着重要的生理功能。在一些日照不足的国家或地区，佝偻病、骨质疏松症会比较多发，因为人体需要适量的光照。

❖ 紫外线照明灯

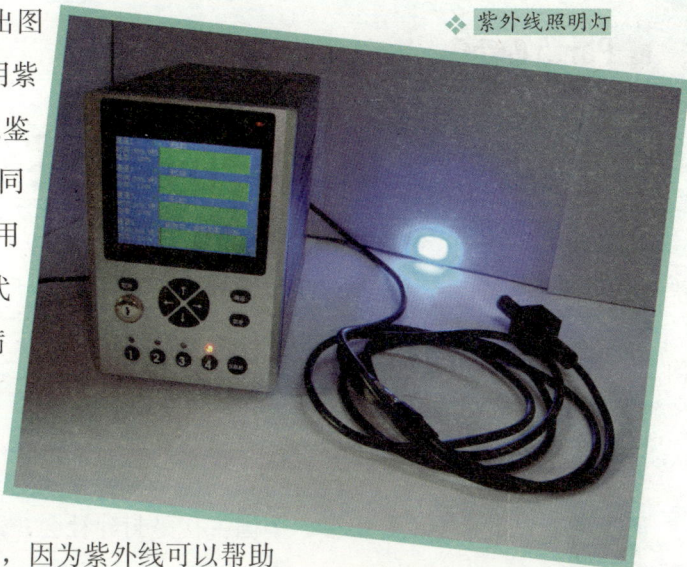

但一定要是适量的光照，因为过量的紫外线对我们也有危害，它会破坏我们的皮肤细胞，使我们未老先衰，严重时会将我们晒伤，甚至产生日光性皮炎，引起癌变。

在地球的大气层外部，存在着臭氧层，它能吸收太阳光中的紫外线，为我们地球上的生物提供了生命保护层。

红紫外线都是看不见的光，各具特点，红外线主要用于加热，或者探测识别物体，紫外线主要用于杀菌或化学催化。随着科技的不断进步与发展，越来越多的领域会需要它们。

❖ 红外线探照器

Part5 第五章

神奇的日食

AOMIAOTOZU

天狗食日的故事我们从小就听说过的，后来我们知道这就是日食，那这种神奇的自然现象的奥秘在哪儿呢？

关于太阳的传说有很多。中国古代是封建社会，人们自然会迷信，民族拥有自己的图腾，奉日月星辰为天神，因此，日食现象的产生会使人们无比恐惧，人们会认为这是一个"凶兆"，在统治阶级看来，出现日食是因为得罪了上天，这是一个警示的作用。"天狗"被人们认为是恶神，专门和人们作对的，所以就会故意破坏太阳。

"天狗食日"的传说

日食

有这样一个传说，释迦牟尼有十名弟子，其中有一个叫"目连"的弟子十分孝顺母亲，但是目连的母亲却生性暴躁，天上的玉帝就把他的母亲打入了十八层地狱，变为一只恶狗，并且永世不得超生。目连经过日夜修炼，成为地藏菩萨。他为了救母亲，用锡杖打开了地狱的门，目连的母亲与其他恶鬼都逃了出来，跑到了天庭来找玉皇大帝算账，但是目连的母亲没有找到玉帝，于是就去追太阳与月亮，要将它们吞掉，让人间不再有光明。所以"天狗食日""天狗食月"就这样流传了开来。所以每当日食发生，古代的人们就会采取"救日"行动。主要有几个步骤：第一，祈祷，就是向上天忏悔，请求赦免罪过。第二，击鼓，就是向上天呼喊，也造就驱赶恶魔的阵势。第三，放鞭炮，主要是来驱除妖魔鬼怪。

以上都是民间流传的。其实，日食是一个自然现象，与月球相关。当月球运动到太阳与地球的中间，而且三个球体还处在一条直线上，那么月球就会挡住太阳射到地球上的光，自己的黑影就会落在地球上，所以日食就发生了。人们刚开始会看到阳光逐渐变微弱，天色突然变暗，最后阳光被全部遮住，几分钟之后，就会慢慢恢复，直到最后的复原。日食还分为几种类型，月球把太阳全部遮挡住的叫日全食，遮挡住一部分的叫日偏食，遮挡在太阳中间的叫日环食。据科学家的统计，日全食的发生时间通常不会超过 7 分 31 秒，日环食的发生时间通常不会超过 12 分 24 秒。不过法国曾经有一位天文学家，他为了延长日全食的观测时间，在日食发生的时候坐着超音速飞机去追赶月亮的影子，最终，他的观测时间为 74 分钟，成为历史之最。

月有阴晴圆缺

❖ 月亮

月圆月缺通常用来形容人的悲欢离合，那月亮为什么会有圆缺之变呢？因为月亮是围绕地球转的，在转的过程中，它与地球还有太阳的位置关系会一直发生变化，当它转到地球与太阳之间的时候，这时月亮朝向地球的一面是照不到太阳光的，所以人们整夜都看不见它，人们称之为朔，也叫新月。新月之后的两三天，月亮会沿着轨道慢慢

地转过来，太阳光就会慢慢照亮它向着地球的这面的边缘部分，这样我们在天空中就会看到一钩弯弯的月牙了。人们把这称之为弯月，也叫蛾眉月。从这以后，月亮就会继续转过来，它对着地球的这半球，会一天比一天多地得到太阳光，于是弯弯的月亮就会一天一天地"胖"起来。等到第七八天，月亮向着地球这面，有一半就会照到太阳光，月亮的形状就好像半个烧饼一样，人们称之为上弦月。接着，月亮会渐渐转到太阳相对的一面去，它向着地球的那半面，受光面积就会越变越大。当地球处在月亮与太阳之间的时候，月亮的受光部分已经完全面向地球了，我们看到的就是一个银盘似的月亮，人们称之为满月，又叫望月。满月的时间不会很长，只有一两天而已。之后的月亮还会不断地移动，不断地改变位置，再形成半圆月亮，然后是月牙，最后就又会看不到，不断地重复这个过程。

知识小链接

有日食就会有月食。其实它们的形成原理是一样的。月食的发生形式只有两种，一种是月全食，另一种是月偏食。地球和月亮的中心基本上在同一条直线上，月亮就会进入地球的本影，就会产生月全食。如果只有部分月亮进入地球的本影，那么形成的就是月偏食。月食出现的时间为农历十五、十六，这时月亮就会运行到和太阳相对的方向。

太阳为我们带来的能量

太阳是造福人类的星体，它是巨大的，它的能量同样也是巨大的，接下来就去了解一下这个有着巨大能量的天体。

太阳光能源

太阳就是一个熊熊燃烧的火球，每时每刻都在为我们提供光明。太阳散发的光明在奔波了1.46亿千米之后，终于到达了地球，为我们提供生命所必需的能量。植物们捕捉到这些太阳光子后，通过光合作用制造食物，这就是食物链的起点。

太阳光中的能量非常重要，在生产食物和热量方面起着至关重要的作用。冷血动物如蜥蜴，就是通过晒太阳吸收能量。早春的时候天气还比较寒冷，这时人们就会不自觉地脸朝着太阳，让冰凉的脸暖和一下。此外，太阳还可以为我们提供动能呢！当初英国科学家威廉就利用太阳的动能制造了一个靠太阳能转动的轮子。这个轮子的两面一面是明亮的颜色，一面是黑色，一旦有光线照射，轮子就会转动，这个机器就是有名的光车。光车自出现以来就是用来说明太阳光中能量存在的典型

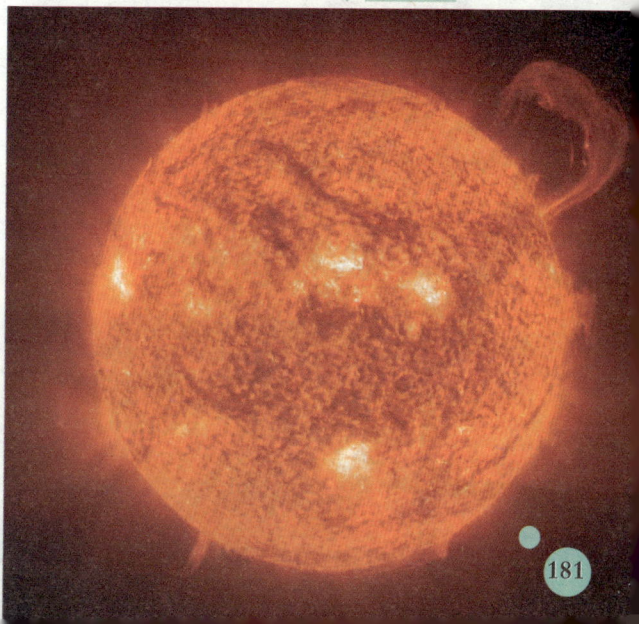

❖ 太阳表面

例子。

作为一种能量的来源，太阳光近来得到了前所未有的重视。只要提到能源，人们都比较热衷于使用蒸汽、电力和石油，但是太阳能具有其他能源不具备的优点：太阳能是免费的，而且源源不断；它是一种零污染、零废物的能源。当前我们面临的问题是如何利用科技把这种优质的能源充分利用起来。

知识小链接

我们日常生活中，应用到太阳能最多的应该就是太阳能热水器了。太阳能热水器将太阳光能转化为热能，将水从低温度加热到高温度，用来满足人们在生活、生产中的热水使用。太阳能热水器按结构形式可以分为真空管式太阳能热水器和平板式太阳能热水器。我们大多数使用的就是真空管式太阳能热水器。

太阳能源的应用

我们发明了几种捕捉太阳能量的工具，如光能计算器、高速路上的路标、紧急呼叫箱等，这些工具都含有光电池，能够把吸收到的光能转化为电能。光电池是光与电的结合体。光电池的形状大小各不相同。大部分光电池是硅原料制成的。硅元素虽然是地壳内部除氧气之外，含有量最丰富的元素，但是它的导电性很差。而且纯硅是不导电的，它不像铜与铁那样的金属，里面含有很多移动的电子。硅属于一种半导体，如果添加少量的磷或者硼原子，它就可以在很小的电压下朝着一定的方向导电。硅的应用也十分广泛，电脑、手机里面的晶体管与二极管都是由这种材料制造而成的。

❖ 太阳能热水器

当光照在光电池上，光子就会被吸收、反射，或者是穿过。为了可以有效地工作，光电池一定要尽可能地吸收大量的光子，这样才能获得能量。

当光子被吸收后，推动电子运动。电子有负极，当它开始移动后，它之前所在的地方就会产生负电压，电子本身带正电。这些正电压的地方就被称为孔，其他的

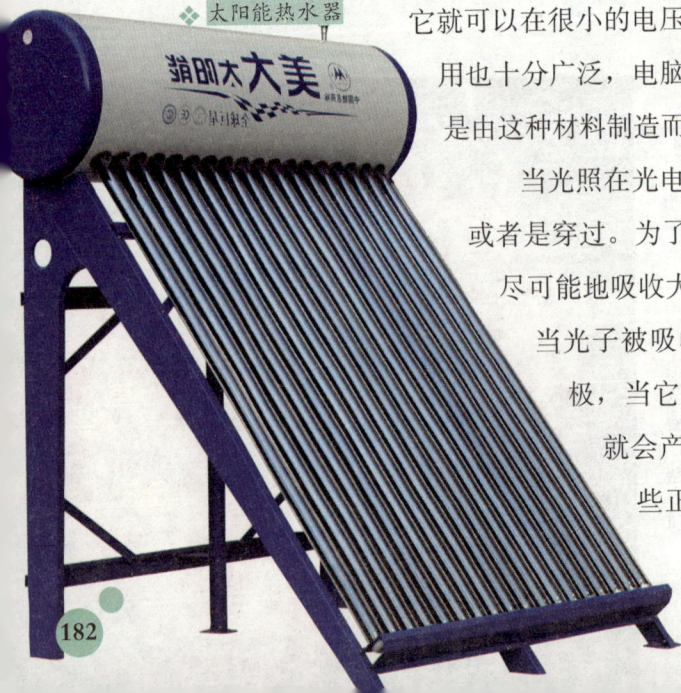

自由电子进入这个孔，电就会流动起来了。

虽然光电池可以从太阳那里获得不断的能量，但是我们目前的技术却是有限的。太阳光的光谱很广，它们的波长也各不相同，但只有特定的波长才可以在硅中激发出电能。只有高频率的光子才能在目前技术所及的光电池中产生效能。而且，就算这些高频率的光子也不可能完全得到应用，制造自由电子与洞只需要一定量的能量，超过这个能量的光子是不会再生产电的，只会使电池的温度上升。我们目前大部分的光电池只可以做到把 10% ~20% 的太阳能转化为电能。

太阳能转化所面临的问题不光是转化的效率低。在晴朗的天气里，日照十分充足；在夜晚和多云的天气里，日照不充足，太阳能设备也不会起到作用。要使光电池成为实际与可靠的技术，最关键的就是使其具有蓄电功能或有替代的能源供给。

电池的功能就是蓄电。虽然在电池里增加了太阳能系统的成本，但是如果没有太阳，它还是要能够进行工作的。在有阳光的时候，光电池制造电能，同时还要给电池进行充电，以便在阴天和夜晚，电池依然可以提供能量。

太阳能系统所需要的电池价格比较昂贵，而且要经常更换。所以，在没有太阳的时候，提供能量的另外的方法就是使用替代能源。一般情况下，这种替代能源是常规能源，如发电厂发出的电。美国一些州，有些动力公司允许客户把他们的太阳能系统与电网进行挂钩。也就是说，客户会为他们所使用的电能付费。但是如果是天晴的日子，他们自己的太阳能系统可以制造出超过他们自身所需要的能量，那么动力公司就要出钱买这些多余的能量，并供应给其他客户。

◇ 太阳能电池板

Part5 第五章

太阳能房

太阳能暖房是利用太阳辐射能量来代替部分常规能源，使室内达到一定环境温度的一种建筑物。

太阳能房分为主动式和被动式两类。1938 年世界上第一幢主动式的太阳能房，由美国麻省理工学院建成。它是一种能够控制的采暖方式，用集热器、贮热装置、管道、风机、水泵等设备，"主动"收集、储存和输配太阳能。由于它具有利用太阳热能，节约能源的优点，从它诞生的那天开始就十分引人注意。被动式太阳能房最早是在法国发展起来的。它主要依靠建筑方位、建筑空间的合理布置和建筑结构及建筑材料的热工性能，使房屋尽可能地吸收和储存热量。如果所获得的太阳能达到了建筑物采暖、空调所需能量的一半以上，就达到了被动式太阳能房的要求。

被动式太阳能房是根据当地的气象条件，在基本上不设置其他设备的情况下，建造成冬季可有效地吸收和储存太阳热能，而夏天又能防止过多的太阳辐射，并将室内热量散发到室外，从而达到冬暖夏凉效果的房屋。

知识小链接

太阳能取暖房不但能用于取暖，还能在取暖期间为厨房、洗澡间供应 40 ℃左右的温水。